W0223011

Rêver large

François Gabart
avec Luc Le Vaillant

Rêver large

Stock

Ouvrage dirigé
par Benoît Heimermann

Couverture Atelier Didier Thimonier
Illustration de couverture : © Christophe Launay/Macif

ISBN 978-2-234-07919-9

© Éditions Stock, 2016

Pour Hugo

Ma vie va vite, mon métier consiste à accélérer le temps, à être toujours en avance quand il s'agit de faire de mon mieux à la barre des bateaux que je mène sur les cinq océans.

Cette fois, je ralentis un peu. Dans ce livre, je m'arrête un instant pour regarder le chemin parcouru, le sillage dessiné. Et pour réfléchir sur les belles choses accomplies, sur les difficultés surmontées, sur les projets grandioses qui m'attendent, comme sur l'évolution d'une planète qui m'inquiète mais qui jamais ne me désespère. Il y a quatre ans, j'étais un débutant autour du monde et j'entamais mon premier Vendée Globe, cette course référence que j'ai remportée à l'issue d'un duel acharné.

J'aurais pu m'aligner à nouveau cet automne au départ des Sables-d'Olonne et défendre mon titre. Mais je crains d'être dans la répétition, de perdre cet allant que donne la nouveauté. Et tant pis si j'échoue pour avoir cherché à réinventer mes envies.

Aujourd'hui, je navigue en solitaire sur *Macif*, l'un des plus impressionnants trimarans du monde. Et je compte bien être l'un des premiers à faire planer autour de la planète ces engins magnifiques et affolants qui sont en train de muter et de devenir des poissons volants, si ce n'est des avions marins.

Ne vous laissez pas tromper par mon allure d'enfant sage. Je suis un être de passion et de défis. Ce n'est pas parce que j'élève peu la voix et que je préfère la concertation que je ne sais pas ce que je veux, que je ne vise pas l'excellence dans tout ce que j'entreprends.

Être skipper requiert des compétences variées et permet d'explorer différents domaines de connaissances. Il faut être assez scientifique pour pouvoir défendre sa vision des choses face aux architectes et aux techniciens qui conçoivent et construisent vos bateaux. Il faut être suffisamment sportif pour résister au stress, supporter le manque de sommeil et être capable de monter au mât sans l'aide de personne. Il faut être un bon vendeur pour décrocher des budgets conséquents, un gestionnaire avisé pour ne pas envoyer par le fond la malle au trésor, et un DRH soucieux du bien-être de ceux qui l'épaulent tout en étant capable de mobiliser leurs talents. Il faut enfin et surtout être un marin qui ne craint pas de braver la tempête mais qui sait aussi apprécier le retour au calme, qui est heureux au large mais aime retrouver la terre.

Je suis le capitaine d'une start-up qui vend du rêve, le routeur d'une solitude peuplée d'une quinzaine de salariés et d'une centaine d'intervenants, le météorologue d'idées plus anticycloniques que dépressives, l'entrepreneur d'une aventure démesurée qui chausse des souliers cirés comme des bottes de sept lieues. Je suis l'assureur risque-tout d'une folie douce. De celles qui font battre les cœurs et larguer les amarres pour rêver large.

1

Vin, moulin, Requin

Patronyme

Mon père m'a transmis un patronyme qui voisine avec mes passions. À une lettre près, Gabart aurait pu s'orthographier « gabare ». Si j'avais vécu à l'un des siècles passés, aurais-je navigué sur ces bateaux de travail qui remontaient le long cours tranquille des fleuves ? J'aurais alors été batelier des eaux intérieures. J'aurais enfourné dans les cales de mon embarcation du minerai et du gravier, du blé et du grain, du bois de tonnellerie comme des tonnelets déjà remplis du vin des vignes alentour. J'aurais descendu le cours des rivières de connaissance, la Charente de mon enfance ou la Dordogne familiale. Et puis j'aurais débarqué ma cargaison sur les quais de Rochefort ou de Bordeaux. Et pour la remontée, ma gabare aurait chargé des denrées plus périssables ou plus exotiques, sel, épices, sucre, café, poissons séchés…

Comme je suis d'aujourd'hui, je fais autrement. Mes bateaux sont pétris de carbone et emportent comme cargaison un imaginaire que je diffuse à tout-va, depuis l'outre-monde où les vagues sont montagnes et où les vents soutiennent la comparaison avec des fluides incessants. Je suis marin de compétition, commercial de mes rêves pour les mettre à flot, ingénieur embarqué sur les navettes que je lance à la conquête de l'espace bleu. Je suis aventurier au long cours en des temps modernisés où tout semble numérisé mais où rien ne va de soi quand on se retrouve seul et qu'il faut parfois avoir une résistance de travailleur de force et un enthousiasme de déménageur de piano.

Vin de Bordeaux

Chez nous, la tradition est bien ancrée. Chaque nouvel arrivant dans la maisonnée Gabart est accueilli à l'identique. Le bambin se doit de téter trois gouttes d'un bon bordeaux rouge. Puis on lui frotte les gencives avec une gousse d'ail. Un tel baptême en fera forcément un bon Gascon. Et pourquoi pas un bon garçon ? J'ai eu droit à un tel traitement. Mon fils n'y a pas échappé. Et je pense que sa descendance n'y coupera pas.

Le vin a longtemps structuré le destin de la famille paternelle. Les établissements Gabart-Laval tiennent enseigne à Libourne, agréable cité située au cœur des vignobles de Saint-Émilion. Cette petite entreprise de négoce achète en gros, assemble, revend. La société a compté plusieurs dizaines de salariés. Depuis longtemps, le siège est établi avenue de Verdun, avec les bureaux et les chaix. Mon grand-père et mon grand-oncle y font carrière dans la seconde moitié du XXe siècle. Mon grand-père est VRP. Il charge sa voiture de caisses de crus divers et sillonne la Normandie pour faire l'article, passant de grossistes en restaurants. L'une de mes tantes et son mari ont continué l'aventure d'une manière quasi immuable entre Rouen et le Sud-Ouest… Mon cousin poursuit aujourd'hui l'histoire à sa façon avec une autre société. Mondialisation oblige, ses clients ne sont plus normands, mais asiatiques ! L'avion a remplacé la voiture.

À Noël, chez les Gabart, les repas de famille sont très français dans leur art du bien-vivre et du bien-manger. La table est un lieu de convivialité et de retrouvailles où l'on peut laisser s'écouler tranquillement l'après-midi. On est nombreux, on est joyeux, on est ravis de se retrouver. On fait bombance avec raffinement. On débouche de beaux millésimes qu'il faut savoir joliment décrire avec des mots choisis, justement évaluer comme marqueurs de civilisation avant de les apprécier à satiété mais sans jamais verser sous la table.

J'ai grand plaisir à déguster ces vins exceptionnels mais la vérité est que je bois très peu d'alcool, je trempe juste les lèvres, presque par politesse, j'ai d'autres ivresses. Ma famille me regarde un peu comme un huron, à tout le moins comme un ascète. En fin d'adolescence, quand j'ambitionne de faire de la voile olympique et que je découvre la nécessité d'une certaine hygiène de vie, la famille ouvre de grands yeux devant mon refus de participer aux libations, devant ce grave manquement aux traditions festives. Ils acceptent mal que je m'évite toute exagération, que je ne me permette aucune transgression. Ils ne me sermonnent pas, ils ne m'en veulent pas, c'est juste qu'ils ne comprennent pas. Quand on se retrouve aujourd'hui, il est fréquent qu'on évoque ce décalage d'alors. C'est comme si ce pas de côté alimentaire avait choqué. En tout cas, il a marqué. C'était vécu comme une rupture avec des normes non édictées, des valeurs communes qui paraissaient tellement évidentes qu'elles n'avaient pas besoin d'être réaffirmées, juste savourées.

Moulin de famille

Je n'ai pas grandi entre les fûts, je n'ai pas charrié les caisses emplies de bouteilles pour aider les commis, je n'ai pas fait rouler les barriques. Quand je suis gamin, mes grands-parents ne logent déjà plus au-dessus de l'entrepôt de Libourne. Ils possèdent un moulin à un quart d'heure de route. La Clotte est mon château d'enfance. Il y a un grand jardin comme une forêt inconnue, un cours d'eau large comme un fleuve et une île mystérieuse où s'imaginer des expéditions extraordinaires. Ce lieu regorge de précieux trésors que j'amasse dans mon coffre aux souvenirs.

Même regardé avec un œil adulte, l'endroit est gigantesque et difficile à entretenir. L'âge venant, mes grands-parents s'en séparent et rachètent un petit château au milieu des vignes, du côté de Montagne-Saint-Émilion. L'endroit est agréable, mais il perd en intensité ce qu'il gagne en confort. C'est sûrement ma nostalgie qui me fait parler ainsi. Et mon fils fonctionnera peut-être de même avec la maison charentaise de mes parents, après qu'il y aura fait ses premières découvertes et ses premières bêtises.

PapyPomme fait de la voile

Je ne sais plus vraiment pourquoi nous appelons grand-père PapyPomme. Est-ce parce qu'il y avait des pommiers dans le jardin du moulin ? Je crois plutôt qu'il doit son surnom à ma cousine aînée. En tout cas, PapyPomme a beau vivre au milieu des terres, dans une campagne arborée, où les flots bleus sont bien souvent rougis par le jus de la treille, il aime la mer et la voile.

Il y vient tout seul, à sa manière. La famille n'a pas de maison de vacances en bord de côte, pas de villégiature d'été qui fait qu'on s'ancre dans une station balnéaire. C'est le bateau qui lui facilite l'accès au domaine marin. Il commence par faire du Requin, puis il passe à de petits bateaux de croisière. Il débute sur le littoral atlantique entre La Rochelle et Royan, puis fera des excursions ensoleillées en Méditerranée, jusqu'aux îles grecques et turques.

Yaya, ma grand-mère d'origine italienne, aime aussi le bateau, cette vie au grand air, ce soleil à disposition. La famille Gabart s'ouvre petit à petit à la chose maritime. PapyPomme est un abonné de toujours au mensuel *Voiles et Voiliers*. Tous les hivers, il se rend au Salon nautique de Paris. Il a même connu les premières éditions qui se tenaient en plein air en bord de Seine. Il a une technique d'achat qui lui permet de faire de bonnes affaires. Il acquiert son bateau du moment au salon, remise incluse, et le revend avant l'édition suivante au tarif normal. Cela lui permet de ne pas trop perdre financièrement et d'avoir toujours une unité de dernière génération.

La disparition de Tabarly

Chez les Gabart, Éric Tabarly est un personnage qui fait l'unanimité. Cela dépasse le strict cadre sportif, unissant les générations. Sa disparition en 1998 nous cause une vive émotion. Nous sommes réunis à la maison. C'est André Laval, mon grand-oncle, qui nous apprend la triste nouvelle. Sportif, amateur d'aviron et de vélo, ce grand lecteur de *L'Équipe* revient avec l'édition du jour.

J'ai alors quinze ans et je pourrais être plus centré sur des marins contemporains. Mais, non, Tabarly occupe déjà une place à part dans le cœur du coureur au large que je ne suis pas encore. Au contraire de beaucoup de mes concurrents, je n'ai pas eu la chance de croiser Tabarly, ni de naviguer avec lui. Mais je suis tout à fait conscient de son aura, de son impact et de sa créativité technique.

Inentamé, son souvenir placide et tranquille plane tout là-haut dans les nuages de beau temps, au paradis des braveurs de tempête et des inventeurs d'engins, des boxeurs de rochers et des éclateurs de spis, des chercheurs de solitude et des heureux en mer.

Aujourd'hui, je côtoie sa femme, Jacqueline, et sa fille, Marie, en Bretagne. J'ai plaisir à m'entretenir avec elles. Elles portent toujours, à leur manière, la passion et le génie d'Éric.

Travail de transmission manuelle

Chez nous, le maritime se transmet par les mains. Le goût du sel se double d'un goût du bois et d'un talent à donner formes et volumes à ses rêves embarqués. C'est mon grand-père qui apprend à naviguer à mon père. Il lui construit un Caneton, puis un Vaurien. Il a de l'or dans les doigts. Il sait scier, poncer, assembler, limer, polir le contreplaqué qui fait les petits bateaux prêts à aller sur l'eau. Mon père me fait traverser l'Atlantique quand j'ai six ans, mais il fabrique aussi mon premier Optimist. L'hiver, le salon résonne des coups de marteau et des chuintements du rabot. Et au printemps, je navigue sur la Charente près de la maison, fier comme un paon d'être le défenseur de la philosophie *home made*.

En Norvège, où mon jeune fils Hugo vit avec Henriette, sa mère, dont je suis séparé, j'ai choisi de nous loger dans un petit croiseur de 9 mètres, un RM890, nommé *Tiny Viking*. Pour notre petite maison à tous les deux, je m'applique à bricoler un intérieur chaleureux, à le préparer pour le froid scandinave tout en conservant les performances de ce voilier rapide. Il y aura ainsi transfusion continue d'eau froide et salée et de bois doux et doré.

Un jour, je construirai l'Optimist du XXIe siècle pour mon fils. En attendant, je suis sûr que mon père sera ravi de ressortir l'Optimist originel, qui patiente au fond du garage charentais.

Le roman de la romance familiale

Ma mère est une brillante élève. Mon père, lui, se soucie peu de ses études avant le bac. Ils se rencontrent pendant leurs années lycée, lors de séjours au ski dans les Pyrénées où aboutissent souvent les Bordelais et les Charentais. Il n'y a ni textos, ni Twitter, ni Facebook. Ils se retrouvent en haut des montagnes chaque hiver. La préférence survit au temps qui passe…

Les voilà étudiants. Mon père fait des études pour devenir dentiste à Bordeaux. Ma mère commence son droit à Poitiers puis entre à l'École nationale de la magistrature à Bordeaux. Lieu commun ? Voilà qui tombe bien. Les étudiants deviennent couple de colocs.

Ma mère obtient une première affectation à Bayonne. Mon père la suit. Puis elle est nommée à Cognac, chef-lieu d'arrondissement de la Charente. Mon père ouvre son cabinet dentaire à Châteauneuf-sur-Charente, une petite bourgade de 5 000 habitants. Et ils retapent une grande maison au milieu des vignes ayant appartenu à ma grand-mère maternelle dans un petit village, Angeac-Charente. Ils y habitent toujours. Mon père exerce encore à Châteauneuf. Ma mère vient de prendre sa retraite de juge à Angoulême.

Parler, argumenter

Chez les Banliat, du côté maternel, la tribu est moins nombreuse et les rituels moins installés que chez les Gabart. Ma grand-mère est fonctionnaire pour la ville d'Angoulême. Ma mère, Catherine, perd son père quand elle a dix ans. Sa sœur Françoise et elle réussissent de brillantes études. L'une est médecin généraliste, l'autre est magistrate. Même si la tradition festive et les vacances animées sont plutôt Gabart, la proximité est plutôt Banliat. Nous passons nos mercredis après-midi à Angoulême et ma grand-mère vient souvent nous garder à Angeac.

Ma mère aime son métier. Elle s'y épanouit. Cette activité est importante pour elle et son féminisme passe par le souci du travail des femmes. Je l'ai vue siéger une ou deux fois. Elle a été juge des familles. Elle a fait de l'instance, du pénal, des assises. Elle aime argumenter, débattre, expliquer. Elle défend autant sa profession qu'elle peut en critiquer certains manquements. Elle sait mettre en lumière ses convictions, contrer un argument, le démonter. Elle est rigoureuse, organisée, structurée. Et elle me donnera un bon coup de main quand il s'agira de monter ma société.

À la maison, les repas sont des moments de récit, de débat, de partage. La télé est éteinte, l'actualité est passée au crible et les sujets de conversation sont souvent vastes et sans limites. Pas forcément d'accord entre eux, mes parents sont très respectueux de l'avis de l'autre. Ils ont aussi l'intelligence de ne pas imposer leurs points de vue à la jeune tablée.

Mes parents ont une bonne culture politique, s'intéressent aux sujets de société et s'investissent beaucoup dans le milieu associatif. Ma mère est active dans les associations de parents d'élèves. Mon père exerce des responsabilités dans les associations sportives. Il a aussi été longtemps conseiller municipal à Angeac-Charente.

Ils ont tous deux l'esprit d'entraide, l'envie de donner un coup de main, le souci des autres.

Je dois avouer que j'éprouve une certaine admiration pour ce fonctionnement parental qui résiste à l'épreuve du temps. Ils me semblent avoir trouvé un équilibre peu fréquent par les temps qui courent.

Est-ce aussi simple que cela ? Je n'en sais rien et n'ai pas à le savoir. Est-ce que ce modèle assez parfait m'a caché les difficultés de la vie de couple et m'a aveuglé au point de minimiser les obstacles à surmonter ? Peut-être, mais personne ne m'a interdit d'ôter mes œillères.

2

L'Atlantique sabbatique

Globe-flotteurs et année sabbatique

Mon père en a toujours rêvé. Il veut partir loin des rivages obligés. Il veut échapper quelque temps à un quotidien loin d'être désagréable mais qui a évidemment ses routines. Il veut changer de rythme, voir autre chose, découvrir des sensations nouvelles… Et peut-être tout simplement traverser l'Atlantique…

Ce n'est ni un aventurier solitaire, ni un largueur d'amarres à jamais. Il veut partir et revenir. Il ne choisit pas une destination risquée où il pourrait y avoir du danger. Il ne se lance pas dans la traversée du passage du Nord-Ouest à travers les glaces. Il ne s'agit pas de franchir le cap Horn ni de doubler celui de Bonne-Espérance. Il veut traverser l'Atlantique en famille par l'autoroute des alizés, remonter l'arc antillais et rapatrier ses troupes en Europe depuis les États-Unis, avec escale aux Açores.

Ce n'est pas pour autant une balade totalement sécurisée. L'océan est grand, le vent peut souffler fort, la mer peut enfler sa colère. Et, surtout, le matériel peut lâcher.

De nombreuses familles accomplissent ce périple, depuis les années 1970 où les globe-flotteurs fascinés par Moitessier ont fait la trace. Ceux-ci fantasmaient alors un mode de vie à la sauvage, plus contemplatif, en rupture avec la société marchande. À partir des années 1980, les transhumants mélangent les registres. Il y a toujours les babas un peu fondus qui veulent se tropicaliser. Il y a bien sûr les alternatifs autosuffisants qui veulent prendre du recul avec leurs facilités occidentales. Mais ils sont rejoints sans vergogne par des bandes de copains bien installés qui ont les moyens de faire une coupure dans une vie professionnelle chargée et rémunératrice. Souvent, ceux-ci choisissent de traverser façon course-croisière, mêlant compétition et sécurité.

Il y a aussi des couples qui s'offrent une lune de miel salée ou des familles avec enfants qui font l'école buissonnière. Ce qui est notre cas. Mon père veut y aller entouré de sa femme et de ses trois enfants. J'ai deux sœurs. Alice, la grande, est née en 1980. Cécile, la petite, en 1986. Je suis né au milieu en 1983. Au départ de ce voyage, les bambins ont trois, six et neuf ans. Dentiste exerçant en cabinet, mon père prend un remplaçant. Magistrate, ma mère pose un congé sabbatique. Et les trois enfants à la scolarité encore peu avancée suivront des cours par correspondance, avec leurs parents comme enseignants bénévoles.

Peskavel

Mon père ne se lance pas à l'abordage d'un univers inconnu. La mer, il sait ce que c'est. La voile, il l'aime et il la pratique. Le large, il en connaît les plaisirs et les risques. Il a fait équipier sur le Requin. Il a pris son quart à bord des bateaux du grand-père. Il a déjà traversé de nombreuses fois le golfe de Gascogne ou la Méditerranée… Cette fois, le bateau se doit d'être aussi maison. Il faut un dortoir, un réfectoire, une salle de classe et un terrain de jeu pour les enfants. Sans oublier une suite parentale, même si l'espace et le confort y seront réduits. Mes parents s'y prennent deux ans à l'avance afin de donner naissance à cette histoire qui, si elle ne flirte pas avec l'extraordinaire, n'est pourtant pas si commune. Vous connaissez combien de familles dans votre entourage qui se sont jetées ainsi à l'eau ? Très peu, j'imagine.

Pour être mené à bien, un tel projet suppose une conviction et une force de caractère non négligeables.

Le choix du navire est crucial. La candidature d'un Kelt 39 est retenue. Ce monocoque mesure entre 11 et 12 mètres. C'est un bon compromis. L'habitabilité est suffisante pour deux adultes et trois enfants. Et l'envergure reste raisonnable. Ainsi, la machine ne devrait pas dépasser les capacités du pilote.

La cabine des parents se tient à l'arrière et offre un grand couchage bien éclairé. Dans le carré, le lieu de vie s'organise autour de la table centrale, avec un coin cuisine et un coin navigation. Devant, il y a deux cabines. Une grande pour l'aînée. Et l'autre contient deux couchettes superposées pour les cadets. Évidemment, je loge à l'étage supérieur, déjà grimpeur aux hautes branches.

Ce bateau, qui compte un seul mât et un système d'enrouleurs pour les voiles d'avant, a l'avantage d'être un dériveur intégral. C'est-à-dire que son tirant d'eau peut se réduire à 70 centimètres. Ce qui permet d'accéder à des zones inédites, d'aller jusqu'à toucher le rivage et de s'amarrer aux cocotiers de la plage.

Le Kelt se nomme *Peskavel*, poisson volant en breton. On va le visiter en Bretagne sud. Puis mon père le rapatrie sur un quai de Rochefort. Le temps des travaux commence. Il va durer quelques saisons sur ce terre-plein qui a tout du terrain vague, entre pots de peinture et bidons de fuel, avec juste les eaux languides de la Charente en contrebas. Excellent bricoleur, mon père ne se plaint pas de ce temps nécessaire à la préparation du matériel. Mettre ses mains dans le cambouis est un moyen de connaître dans le détail les œuvres vives du bateau. C'est aussi une façon de commencer à nouer une relation de confiance avec un engin inanimé qui a forcément une âme.

Expérience et responsabilité

Mon père sait naviguer, mais il n'a jamais traversé un océan. Ma mère s'est initiée à ses côtés, mais ne possède aucune expérience hauturière. Ils ne sont pas novices, mais ils se lancent dans une histoire pas évidente. Cependant, jamais je ne sentirai l'ombre d'un doute planer sur leur confiance réciproque. Dans leur approche des difficultés, ils donnent le sentiment d'une maîtrise tranquille qu'ils nous diffusent, chacun à sa façon.

Mon père est le navigateur du bord. Il repère les amers remarquables, phares, balises, bâtiments, et triangule notre position. Quand la terre est perdue de vue, à la méridienne, il règle le miroir du sextant et aligne le soleil sur l'horizon. Il fait ses calculs, puis reporte le point sur la carte. Sur le grand routier atlantique, cela fait une ribambelle de croix qui ricochent de jour en jour et qui égrènent les souvenirs quand on la revoit aujourd'hui.

Entre deux escales, nous voguons dans le silence. Mes parents communiquent rarement avec le monde immobile. La VHF suffit pour entrer en contact avec les bateaux voisins ou la capitainerie des ports. Personne ne s'est encore mis à la radio BLU. Mes parents s'en portent bien, ne détestant pas couper les ponts avec les facilités terrestres.

Initiés à la navigation, les grands-parents Gabart savent bien ce qu'il en est de traverser entre ciel et mer. Ma grand-mère d'Angoulême doit être plus perturbée mais s'y adapte parfaitement.

On est à la fin 1989. L'approche des choses n'a rien à voir avec celle d'aujourd'hui. On avance sans donner de ses nouvelles en permanence. Le cordon ombilical est vraiment coupé, surtout pour les promeneurs. Personne n'est appelé à la rescousse tant qu'il n'y a rien de dramatique. Et c'est d'ailleurs une chose assez intéressante à explorer, cet éloignement réel d'avec une société d'assistance, cette coupe franche dans le tissu serré des maillages, cette rupture de charge avec les SOS Médecins, SOS Dépannage, SOS Amitié. Sur l'eau, il n'y a alors pour les plaisanciers ni relais satellite permanent ni téléphone par Iridium. Et pour les baladeurs en eaux bleues, il n'y a pas de ces vacations quotidiennes avec le PC presse auquel doivent sacrifier les compétiteurs. Et c'est très bien comme ça. On est autosuffisant, on se prend en charge, on est responsable de sa vie et de celle de ses enfants.

Premier coup de vent

Nous partons de Rochefort le lendemain de la rentrée des classes. Ce qui nous fait un mois de septembre particulier et déclencherait l'envie de nos petits camarades s'ils pouvaient nous voir, gentils blondinets en survêtement aux coloris bien soutenus. Alice porte du violet, moi du vert pomme et Cécile serait plutôt dans les roses.

Sous spi aux teintes aussi acidulées, nous commençons la descente du golfe de Gascogne. Le vent vient du nord et nous pousse rapidement vers le sud-ouest. La descente s'accélère à l'approche du cap Finisterre, où le vent se renforce… Les premiers jours au large tiennent souvent de l'épreuve initiatique. C'est vrai pour les marins du Vendée Globe ou de la Route du Rhum qui échappent à la douceur civilisée et à ses mièvreries humaines pour se retrouver projetés sans phase d'adaptation au cœur du chaos des éléments avec ces quelques haut-le-cœur qui viennent même aux plus costauds quand ils ont passé trop de temps sur le plancher des vaches. C'est tout aussi vrai pour les promeneurs hauturiers qui ont en plus le handicap de mener un voilier bien plus lent qui peut difficilement jouer au plus malin avec les dépressions et échapper au grand mauvais temps.

Peskavel affronte donc son premier coup de chien au large du cap Finisterre. C'est souvent là que sont cueillis à froid les débutants comme les endurcis. Aux marges du plateau continental, la mer est sévère, les vagues sont sèches et le vent accélère le long de la côte espagnole, effet Venturi oblige. Je ne sais si la mémoire familiale en exagère le souvenir, mais il semblerait que le vent soit monté petit à petit pour trompeter son force 9 aux oreilles de la famille Gabart, qui prend son mal en patience. Les enfants sont confinés à l'intérieur, contraints aux jeux de société, nourris de gâteaux secs en guise de dîner du soir. On regarde par les hublots les éléments danser une drôle de gigue sans s'affoler une seconde. Et puis, à cet âge et dans cet environnement remuant, le sommeil vient vite même si la berceuse est assez stridente. Les haubans pincés en cordes de harpe entonnent une mélodie hululante. Les larges ouvertures de ce bateau très lumineux sont rincées comme dans un Lavomatic, programme essorage. Les chocs sont sourds et répétés et entretiennent une atmosphère wagnérienne dont aucun de nous trois ne réalise la violence. Passés de la veste de quart au ciré Cotten, le tout dans des tons tout aussi bifluorés que ceux de leur descendance, les parents se relaient à la barre. Ils prennent des ris dans la grand-voile, roulent le génois à l'avant. Ils gardent juste assez de vitesse pour ne pas être bousculés comme un vulgaire bouchon au creux des vagues.

Le lendemain, l'affaire est entendue. *Peskavel* est solide et sait tenir son rang dans l'adversité. Le skipper et son lieutenant ont réussi haut la main leur examen de passage. Quant aux jeunes matelots, ils sont tout à fait ignorants d'une bataille livrée et remportée sans peur et sans reproche. Le vent redescend pas à pas l'échelle de corde. D'abord, il reste de grosses lames ventrues qu'on descend paisiblement en se réjouissant de l'écume blanchâtre qui mousse alentour quand quelques heures auparavant on aurait tout donné pour une mer d'huile.

Et puis le grand remue-ménage prend fin. Il faut renvoyer de la toile pour ne plus être ballotté par la mer plus forte que le vent. Les petites têtes blondes surgissent et reprennent leurs places dans le cockpit. Catherine, ma mère, est à la barre et guide *Peskavel* vers des contrées plus sereines. Dominique, mon père, filme, se moquant des angoisses de la veille. Tout frais sorti d'un coup de vent assez mordant, leur bonhomie bienveillante pacifie la mémoire de ce temps fort. Ils nous transmettent cette confiance qu'ils ont toujours diffusée en quantité, cette confiance en la capacité de chacun à faire face tant qu'il garde une approche raisonnable de la situation, cette confiance en la vie et en la possibilité de faire juste et bien qui ne m'a pas quitté depuis.

Le soleil décline, le vent baisse, l'eau de cuisson frémit dans la cocotte. Bientôt, nous pourrons installer la table de cockpit. Ce soir, c'est festin au grand air atlantique.

Le CNED

Alice doit être en CM2, je suis en CE1 et Cécile se dispense de sa première année de maternelle. Mes parents pensaient installer une routine scolaire : les matinées seraient consacrées aux enseignements élémentaires et les après-midi aux activités d'éveil en plein air ! Ce rythme ne tient que quelques jours... Très rapidement, l'emploi du temps éducatif s'adapte aux contraintes du voyage, à la météo et à la motivation des élèves. Certains jours pluvieux, nous engloutissons en quelques heures plusieurs semaines du programme scolaire. Puis d'autres jours ensoleillés (et ils seront nombreux...), nous n'ouvrons aucun livre pour ne manquer aucun détail du voyage extraordinaire que nous vivons.

Concrètement, ma mère se charge des lettres : orthographe, grammaire et histoire-géo... Mon père récupère les sciences : maths, physique... Et les deux se relaient à la préparation des gommettes ou autres activités maternelles de ma petite sœur. À chaque escale, nous envoyons par courrier les travaux accomplis que nous retrouvons corrigés à l'escale suivante.

Je crois qu'aucun de nous trois n'aura à souffrir de cet interlude dans sa scolarité. Au contraire. Cela tient sans doute aux capacités intellectuelles de nos parents, mais pas seulement. Il y a aussi le petit comité de nos classes, l'attention apaisante de nos enseignants de fortune, l'adaptation aisée des horaires et des charges de travail. En fait, nous avons quasiment un précepteur privé par enfant.

Les voyages forment la jeunesse. On découvre des cultures différentes. Au retour, je reviendrai sans souci dans le système scolaire collectif. Au-delà des connaissances livresques, l'école doit enseigner aussi la vie en société et le rapport avec les autres. Je m'y adapterai sans difficulté. Mes résultats seront bons et je ne développerai aucune animosité envers l'autorité, sans m'y soumettre exagérément pour autant.

J'aime apprendre, mais j'aime le faire à mon rythme. Cela a toujours été comme ça. Difficile de me faire travailler sur un sujet qui ne me passionne pas. Mais si la question éveille ma curiosité, je suis alors capable de devenir un gros bosseur… Et quand je m'y mets, quand ça m'amuse, quand je veux apprendre et savoir, je suis alors d'une efficacité surprenante. Je suis capable de donner le coup de collier quand il le faut et de pousser mon éveil à fond sans m'encombrer de passages obligés. Quand j'ai une idée à 22 heures, je peux y consacrer la nuit avec plaisir.

Aujourd'hui, je suis heureux d'être mon propre patron, d'avoir cette indépendance qui me permet d'en faire à ma guise. Jour et nuit.

3

Très jeune cartographe et ouistiti aérien

Les cartes

Désormais, je navigue sans cartes. Ou plutôt, la cartographie est numérisée et je n'ai plus besoin de rouler et de dérouler ces belles cartes marines qu'emportaient mes devanciers. La table à cartes qui encombrait le château arrière des goélettes tient en un logiciel embarqué. Aujourd'hui, je me contente d'allumer l'écran de mon ordinateur quand les capitaines du passé devaient déployer les tracés de papier, tenter de les maintenir à plat quand elles ne demandaient qu'à se réenrouler et les préserver des paquets d'eau et autres calamités circonstancielles qui pouvaient les transformer en chiffons détrempés.

Vous me direz que mon électronique peut tomber en panne et que je devrais avoir en secours quelques cartes grand format. Je ne crois pas. À moi de m'assurer que l'électronique tient le choc. Car, sans pilote automatique et sans système de navigation, je risquerais d'être bien démuni.

Tout gamin, j'adorais cartographier. Je recopiais à l'identique les cartes IGN de ma petite campagne. J'aimais me situer dans l'espace. Je modélisais les reliefs, je traçais les courbes de niveau, je situais les hameaux, les cours d'eau importants comme les moindres ruisseaux. Je poussais le soin du détail jusqu'à indiquer les bâtiments de ferme ou les sous-bois jouxtant la forêt principale. Le fait de me retrouver sur un élément mouvant, aux repères flous, aurait pu me déstabiliser. Il n'en était rien. Cet environnement me plaisait, me convenait. Et je voulais apprendre comment on utilisait un sextant, comment on reportait un point sur la carte, comment on pouvait naviguer en se repérant aux étoiles.

Quarts de nuit

Mes parents se partagent les quarts de nuit. Mon père prend le premier quart jusqu'à minuit, tandis que ma mère s'endort avec nous au coucher du soleil. Ensuite, elle le relaie au plus noir de la nuit. Elle veille de minuit à 3 heures ou 4 heures du matin… Quand la fatigue est trop pesante, mon père se lève alors pour finir la longue nuit tropicale…

À la fin de son quart, aux premières lueurs du soleil levant, il voit souvent surgir les deux plus jeunes de ses enfants, qui traînent leurs sacs de couchage et viennent finir leur nuit dans le cockpit. Nous sommes là, somnolents, regardant monter le jour glorieux, tanguant mollement dans la splendeur de l'aube, heureux de ce moment partagé que ne vient troubler aucun réveil forcé. Je garde encore aujourd'hui un souvenir fort de ces doux réveils ballottés par les vagues.

Ouistiti en vigie

Tout au long de notre périple en Atlantique, le nombre de fois où l'on me retrouve grimpé au niveau du premier étage de barres de flèche est incalculable. J'ai la bougeotte et j'aime me percher en hauteur. Dès que je peux m'élever au-dessus de ma condition de tout jeune garçon, je n'hésite pas. Le mât est équipé de marches métalliques. Cela aide pour monter. Mais ce n'est pas la même chose d'escalader une échelle adossée à une façade bien stable et de se hisser au-dessus des flots avec le ballant du bateau, le roulis rythmique ou les croche-pieds des vagues.

Évidemment, je m'évite les expéditions aériennes en haute mer ou quand la houle est trop forte, mais dès qu'on évolue en bord de côte, c'est à moi que revient le privilège d'officier. Je joue au ouistiti sans discontinuer. Inutile de se demander où je peux bien être passé, il suffit de lever les yeux ! Il y a toutes les chances pour que je sois debout dans les enfléchures, quatre ou cinq mètres au-dessus du pont, une main sur le hauban, l'autre en visière pour distinguer au loin. Dans ma cabane montée haut, je tente de voir au-delà des nuages, là-bas à l'horizon. Je suis guetteur des fumées des cargos qui crachent leur venin. Je suis repéreur des silhouettes élancées des voiliers à panache blanc. Je suis chercheur de terres émergentes, d'îles sous le vent, de phares sortis de nulle part. Ou alors, je suis simple contemplateur d'oiseaux gris, beaux flâneurs de nuées et plongeurs avides de proies marines.

Il peut aussi m'arriver de crapahuter en bout de bôme pour aller passer une bosse de ris ou tout simplement pour sommeiller dans la poche kangourou créée par le tissu relaché. Je n'ai que six-sept ans, mais mes parents me font confiance. Je deviens le singe du bord. C'est moi qu'on envoie en vigie pour distinguer la passe dans la barrière de corail. Moi qui dicte la route à l'homme de barre quand les fonds remontent. Moi, encore, qui détaille les mouillages libres quand on aborde un port surpeuplé où les places paraissent rares.

Ces responsabilités me comblent. Et il est étonnant de voir comme je suis aussi à l'aise dans l'escalade que moins friand de plongée ou même de natation.

Peu aquatique, très aérien

La règle est simple. Au mouillage, ne se promène sur le pont sans gilet de sauvetage que l'enfant qui sait faire le tour du bateau à la nage. En gros, celui qui réussit à nager une vingtaine de mètres, une longueur de piscine, sans souci. Avant le départ de Rochefort, seule Alice en est capable. Je vais accéder à l'autonomie requise pendant le voyage. C'est aux escales que je m'entraîne et que je finis par me débarrasser des brassards gonflables. Je peux enfin patauger en solitaire, masque sur le nez et palmes aux pieds. L'apprentissage en eaux chaudes est un bonheur.

Malgré ces débuts idylliques, aujourd'hui, je suis toujours le dernier à me jeter à l'eau. Si je peux me dispenser d'aller caréner la coque du bateau avant un départ de course, je n'hésite pas. Quitte à désigner un volontaire pour accomplir la corvée à ma place… Avec ou sans combinaison isotherme, je répugne à plonger un orteil dans le grand bain.

Je m'étonne de cette réticence à brasser coulé. Je ne descends pourtant pas d'un de ces pêcheurs bretons qui faisaient profession de ne boire jamais d'eau, même salée, et qui se cramponnaient sec au bastingage car si immersion involontaire il y avait, c'était direct au fond. Les mousses embarquaient alors sans avoir passé leur brevet de vingt-cinq mètres dans des piscines qui n'existaient pas. Je suis un marin qui nage peu, qui préfère le footing à la piscine et qui fait du kayak sans esquimauter exagérément.

Si je ne suis pas un aquatique, je suis un aérien. Aujourd'hui, je gravis toujours les mâts avec entrain. Je me suis aussi mis à varapper par monts et par vallées et cet univers me convient parfaitement. J'aime atteindre les hauteurs, quand j'évite de trop descendre en profondeur dans les fosses marines. Crawler au creux des vagues m'ennuie alors que j'adore m'essayer au surf et tenter de me servir de la houle pour me dresser sur ma planche. Avant d'atteindre ce genre de nirvana très éphémère, il faut pourtant barboter allongé sur son surf et se prendre des rincées subaquatiques. Ce qui pourrait s'apparenter à une baignade si je ne voyais ce petit outil de plastique comme une sorte d'embarcation salvatrice. Allez comprendre !

Sécurité

On est au Cap-Vert, au mouillage. Le bateau se balance mollement dans la baie de Mindelo. Dans la chaleur de l'après-midi, les enfants s'amusent tandis que les parents essaient de finaliser les formalités de douane capverdiennes. Tous trois, nous jouons sur la « jupe », cette excroissance arrière des bateaux de croisière qui tient lieu de hamac en polyester pour bronzeuses discrètes, de plongeoir pour baigneurs, de lavoir pour rinçage salé ou d'évier pour vaisselle expédiée. Et aussi de nacelle pour rêveurs pieds dans l'eau et regard perdu dans la mousse du sillage blanc…

Alice et moi sautons dans l'eau, montons et descendons sans cesse, remontons par l'échelle de bain. Cécile nous accompagne sur le bord. Elle s'accroupit, se penche doucement. Elle veut puiser de l'eau dans un petit saut qu'elle tient par l'anse. Rempli à ras bord, le récipient pèse son poids et l'entraîne vers le fond. Elle refuse de lâcher et bascule par-dessus bord. Elle a trois ans, ne sait bien sûr pas nager et ne porte pas de gilet de sauvetage, puisqu'elle n'est pas censée se baigner. Les parents sont dans le cockpit. L'intervention est rapide et tout se finit bien. Cela aurait pu se transformer en un de ces accidents domestiques qui menacent les familles qui ont une piscine et qui, au plus clair de l'été, voient leur vie s'assombrir pour longtemps.

C'est le seul moment brûlant d'une année où le risque rôde en permanence mais ne perturbe pas l'équilibre d'adultes responsables. L'angoisse est tenue à bout de gaffe psychologique et ne pollue jamais la félicité générale et la confiance partagée. À bord, mes parents ne passent pas leur vie à enfiler leurs harnais. Il faut que le vent souffle, que la tempête menace pour qu'ils crochent dans la ligne de vie. Quand les conditions météo sont normales, quand les paquets de mer ne montent pas à l'assaut, personne ne s'attache tant qu'on reste dans le cockpit.

En navigation comme au port, les règles sont simples. Seuls les jeunes brasseurs diplômés ont le droit de rejoindre la plage avant, avec toujours un adulte en support. Vu d'un aujourd'hui surprotégé, où l'on a peur de tout et où l'on couve sa progéniture, cela paraît assez libéral, pour ne pas dire laxiste. Mes parents préfèrent responsabiliser qu'interdire. Ils expliquent, démontrent et surveillent, confiants dans l'apprentissage sensoriel, dans l'instinct individuel, dans la capacité d'imitation. Je suis assez en phase avec leur philosophie, même si je pense que je m'attache plus souvent qu'ils ne le faisaient. Sans doute parce que je vis des situations plus extrêmes ou parce que j'appartiens à une génération plus prudente et plus tenue en laisse par les réglementations diverses et répétées. Je pense qu'il ne faut pas exagérer les dangers, ne pas s'en faire une montagne, les affronter rationnellement tout en sachant que tout n'est pas prévisible, que tout n'est pas évitable. Surtout, j'ai l'impression que, comme mes parents, je considère la mer comme une amie, comme un élément qui va m'apporter plus de bonheurs que de désagréments.

Mon fils Hugo ne sait pas encore nager. Il est déjà dynamique, actif. Il galope avec fougue, grimpe un peu partout comme je le faisais à son âge. Mais j'ai la sensation qu'à bord, il évite de faire n'importe quoi, qu'il a déjà conscience du danger, qu'il sait qu'il faut se méfier de l'eau. Je lui explique, je lui parle, je lui montre l'exemple. Et, bien sûr, je garde un œil sur ses escapades vacillantes et ses roulés-boulés acrobatiques.

Animaux d'enfance

Il y a les dauphins qui marsouinent à l'étrave, tenue grisée, ventre blanc, tendres camarades des marins de par le monde, personnages sensibles et stridents que nous contemplons accrochés au balcon avant. Il y a ces lamentins croisés dans un port de Floride, gros animaux indolents, gentils monstres un peu demeurés, herbivores qui apprécient la compagnie des humains et se laissent découper par les hélices des hors-bord. Ils sont en recherche d'eau douce et tournent sur eux-mêmes pour se rassasier au débordement des tuyaux branchés sur les pontons. Il y a ce poisson-lune comme un baleineau coupé en deux et qui encombre une baie des Antilles. Vu son immobilité étrange, on se demande bien où les courants le pousseront. Il y a ces ailerons de requin vus de loin, rien de plus, et tant mieux. Peut-être que, pour préserver la magie enfantine, les parents ont évité de battre tambour et de faire grandir les peurs. Il y a les daurades et les thons qui se font prendre à l'hameçon et que l'on remonte à bord avant qu'ils ne finissent dans l'assiette en plastique. Il y a les poissons volants qu'on trouve sur le pont au matin, les oiseaux migrateurs qui se posent pour un instant de répit et, forces retrouvées, peinent autant à tenir en cage dans la cabine des humains qu'à s'envoler à nouveau malgré la sortie grande ouverte. Il y a ce barracuda contre lequel mon père manque de se cogner quand il fait de la chasse sous-marine. Il n'en mène pas large, bat en retraite mais continuera à approvisionner la cambuse de chairs salées que ne pas aimer, ce serait abuser.

Sensations d'avenir

Un an après le départ, la boucle est bouclée. Nous rallions Rochefort. Sous les vivats de la famille et les applaudissements des amis, secrètement admiratifs d'une histoire qui me semble très ordinaire. On amarre le bateau à quai. Rhabillé en gamin propret, lunettes bien ajustées qui vont m'accompagner toute l'enfance, je fais découvrir aux cousins et copains ce que fut ma maison flottante. Bien vite, je remonte au premier étage de barres de flèche, dans mon repaire, sur mon perchoir. De là-haut, je ne vois rien venir. Je ne vais pas prétendre qu'à cet instant précis je décide que, demain, c'est certain, je serai marin. À l'horizon, je ne vois pas se dessiner un destin tout tracé. Je suis encore loin de discerner ce qui m'attend. Je sais profondément que je suis bien sur l'eau, que c'est un univers qui me convient. C'est un domaine qui m'a accepté en son sein avec une bienveillance certaine. Je ne vis pas la mer comme une ennemie ni comme une terre de conquête, mais plutôt comme une matrice complice, comme une initiatrice fondatrice, comme un espace de bien-être. Sans y songer, sans m'en rendre compte, pendant ce voyage inaugural, parce que je suis jeune et malléable, je m'imprègne des sons, des couleurs, des odeurs. Cela devient des repères sensoriels, des souvenirs équilibrants. J'emmagasine de la confiance, de la facilité, une capacité à relativiser.

La mer ? Je la connais et je l'aime. Pour moi, c'est facile, agréable, tendre. Sur l'eau, mon cerveau reptilien se fait dauphin, pas requin. J'ai beau n'avoir accompli que le tour de l'Atlantique, je me suis gorgé d'informations sensibles. Preuve que la mémoire de l'eau s'acquiert tôt.

Rêve de voyage

Prendre une année sabbatique ? Partir en voilier faire le tour de l'Atlantique ? En camping-car vers les extrémités orientales de l'Europe ? Avec un sac à dos dans les vallées du Népal ou les îles asiatiques ? Beaucoup de gens en rêvent vaguement. Quelques-uns réussissent à concrétiser leurs projets d'escapade. Nombreux sont ceux qui y renoncent, restent au coin du feu de leurs habitudes. Peut-être, tout simplement, préfèrent-ils ne pas faire aboutir les choses, pour continuer à osciller entre mélancolie de l'inaccompli et déroute de la volonté.

Je suis assez admiratif de mes parents. Ils avaient envie d'y aller et ont passé outre aux réticences, celles de leurs proches, de leurs collègues, de la société routinière, conformiste et confortable. Ils ne le racontent pas comme une expédition extraordinaire, ni comme une transgression agressive. Ils s'en souviennent comme d'un temps heureux volé à la répétition des heures, comme d'un décentrement agréable de la cellule familiale. À l'époque, je n'ai pas une seconde la sensation d'effectuer un voyage exceptionnel, ni d'ouvrir les yeux sur un monde nouveau. Aujourd'hui, je les remercie d'avoir pu vivre cette aventure miniature en leur compagnie. J'ai découvert qu'un bateau pouvait poinçonner le ticket d'un passager du vent, que la famille pouvai faire un bon équipage aux rôles indéfiniment réinterprétés et que l'immensité pouvait tenir dans la toile antiroulis d'une bannette.

J'ai également réalisé qu'il fallait aller au bout de ses envies et accomplir ses désirs les plus profonds, sans tenir compte des craintes alentour. Je pense que la mémoire de cette année buissonnière m'a aidé à choisir de me lancer dans la voile professionnelle au lieu de plus simplement finir mes études d'ingénieur, de chercher un boulot, de faire carrière au sein de l'entreprise qui m'aurait recruté, de fonder une famille, d'acheter une maison et de louer un voilier pour les vacances.

4

Enfance en campagne

Campagnard

Je suis un gamin des champs, des prairies et des bois. Enfin, de là à me présenter comme un enfant sauvage, il ne faut pas exagérer. Disons que j'ai eu une enfance rurale à la fin du XXe siècle dans un pays où la modernité a disséminé ses effets. Après le grand voyage ouvert à la diversité ensoleillée, ne croyez pas que j'aie vécu reclus en petit paysan perdu au bout du bout d'une vallée oubliée. Les villages sont connectés et l'accès à la culture est évident. La sociabilité est réelle même si l'on vit à Angeac-Charente, un village de près de 400 habitants. Notre grande maison de campagne était une vieille ferme qui appartenait à la famille de ma mère. Après travaux, la bâtisse n'a rien d'un taudis et tout d'une belle maison vaste et agréable, où les enfants sont rois quand on leur dit d'aller jouer dehors.

Si la nature est de plus en plus domestiquée, il reste des arbres où grimper, des ruisseaux à traverser et des animaux à pister. Ma vie s'ouvre au grand air à joues rouges. Je la sillonne à vélo. Je pédale le long des routes communales pour rallier mes centres d'intérêt, retrouver les copains ou m'adonner à mes passions diverses. Le mercredi et le samedi, je fais des kilomètres pour les activités périscolaires. En cas de pluie, les parents font les voituriers. Le collège est à cinq kilomètres, à Châteauneuf, la petite ville voisine. On y va en bus scolaire. Je traverse tout ça sans m'en faire. L'école ne me cause aucun souci.

Robinson en gestation

Je suis encore tout gamin. Je suis consigné à la maison, ce qui ne me convient pas. Je laisse un mot sur la table de la cuisine qui dit : « Je suis parti. » Et je prends la route d'un pas assuré.

Je me suis habillé avec soin. J'ai choisi des vêtements pratiques et chauds, de bonnes chaussures de marche. Je porte un sac à dos où j'ai glissé un couteau suisse pour me construire une cabane dans les bois, une fronde pour que la chasse soit bonne et une lampe de poche afin de chasser les ténèbres qui ne manqueront pas de compliquer mes nuits à la belle étoile. J'ai aussi en guise de bréviaire le « Manuel du jeune Robinson », ma lecture de chevet. Je marche d'un bon pas, concentré sur l'effort et heureux de découvrir le vaste monde. Si je pars à l'aventure, je ne pars pas à l'aveuglette. Il n'est pas question d'être handicapé par un souci technique ou retardé par un manque d'équipement. J'entends bien braver les éléments, l'adversité, la peur. Je suis déjà en route vers l'autonomie de ceux qui savent survivre en milieu hostile. Et me voilà, appliqué à mettre un pas devant l'autre sur cette petite route des Charentes.

Je marche depuis quelque temps quand la voiture de ma mère s'arrête à mes côtés. Le mot laissé l'a inquiétée plus qu'il ne l'a rassurée sur mes intentions qui n'avaient rien de transgressif. Dommage. Je monte sans rechigner, ce n'est que partie remise. Ma quête d'indépendance et mon besoin de voyage peuvent attendre un peu. Le temps d'un bon chocolat chaud et de quelques années d'apprentissage...

Kayak

Avant de faire de la voile en compétition, je fais beaucoup de canoë-kayak. C'est mon sport du mercredi. Je le pratique sur la Charente, toute proche de la maison. Du côté de Vibrac, la rivière se divise en plusieurs bras. Il en est de calmes où débuter dans le cadre de l'école de pagaie et de plus tumultueux avec déversoir pour monter en gamme. On se retrouve au « bras du château », près du pont des Ombrages. On glisse sur l'eau et on surfe sans limite sur des vagues statiques. Il y a des saules pleureurs qui caressent l'eau verte de leurs feuillages, des ponts de pierre qui semblent sortis tout droit d'un roman bucolique et des berges plantureuses qui accueillent les rameurs en herbe. Cela me plaît de glisser sur l'eau. Je mets une combinaison isotherme, des bottillons et un gilet de sauvetage. J'enfile par-dessus une « jupe » qui évite à l'eau de rentrer à travers l'hiloire. Et je monte à bord d'un petit kayak bosselé pour faire du slalom entre des portes suspendues, sur des flots pas trop démontés.

Me voilà à nouveau parti sur l'eau, élément que j'apprécie beaucoup tant qu'il ne faut pas que je m'y plonge. À la pagaie, je ne me débrouille pas si mal. J'atteins un bon niveau régional. L'effort musculaire, individuel, le froid à braver, l'adresse à démontrer, la glisse à contrôler, tout cela me convient. Je me souviens que c'est via le kayak que je découvre l'olympisme. Lors des jeux de Barcelone en 1992, j'ai neuf ans. Je suis avec passion Franck Adisson et Wilfrid Forgues qui courent en canoë biplace, discipline sœur du kayak.

Je suis admiratif de leur fluidité au milieu des torrents, de leur capacité à batailler entre les remous pour passer au plus près de ces drôles de bouées tombées du ciel et qui pendent comme accrochées aux fils d'un téléphérique. Avec eux, par procuration, je vis la joie de la médaille d'or. Même quand je me mettrai sérieusement à la voile, je n'abandonnerai pas le kayak. Tiraillé entre mes deux spécialités, je cumulerai tout au long de mes années d'ado. Encore aujourd'hui, j'ai toujours autant de plaisir à sortir en mer en kayak à Port-la-Forêt pour me dégourdir les bras et affiner ma préparation physique.

Tout premier bord à Titusville

C'est pendant notre voyage que je tirerai mes premiers bords en Optimist. On est à Titusville, en Floride, sur l'Intracoastal Waterway. J'accepte d'abandonner la manette de gaz de la petite annexe de *Peskavel* dans laquelle je passe le plus clair de mon temps à jouer les explorateurs en herbe, les messagers, les livreurs, les convoyeurs et même les accompagnateurs de nageuses fatiguées. J'embarque pour la première fois dans un Optimist, au côté de ma sœur aînée. Il n'y a presque pas de vent.

Sous le regard des pélicans, je prends la barre, gilet de sauvetage capelé alors que je grimpe au mât en maillot de bain sur le bateau familial. Assis sur le caisson arrière, je laisse filer l'écoute. Je pousse sur la bôme pour qu'elle se mette à l'équerre. De loin, mon père nous lance des conseils, recommandant d'imiter les gestes cent fois détaillés à bord du croiseur. J'abats en grand et nous voilà partis droit devant sur les eaux miroitantes de la marina où nous pouvons évoluer en toute confiance. L'Optimist s'éloigne, glissant doucement sur les eaux languides. Mon père démarre le moteur de l'annexe pour nous suivre de plus près.

Voilà mes premiers pas de capitaine pas encore solitaire… Et c'est sans attendre que je décoiffe Alice d'un premier empannage involontaire qui lui caresse le crâne en douceur.

« Construire », dit mon père

Dans la famille, on aime les bateaux et on est heureux de les construire. On ne se résout pas à acheter du prêt à naviguer et à mettre à l'eau des engins standardisés. Bien sûr, il n'est pas toujours possible de régater sur du fait maison mais, chez les Gabart, on est convaincu que cela donne un supplément d'âme aux voiliers.

On se réjouit de façonner à la main nos unités de taille réduite ou d'assister à tous les stades de la construction quand il est question de grands oiseaux du large. Au retour du voyage, je commence à pratiquer l'Optimist. Je suis demandeur. Mon père ne pousse pas à la roue, même s'il est content que sa passion se perpétue. À l'école de voile, mes progrès sont rapides et les premières compétitions se profilent. En régate, il n'est pas question d'évoluer sur des bateaux cabossés par les usages répétés de stagiaires peu précautionneux.

Mon père envisage vite de réaliser une coque en bois. Il transforme le salon de la maison en atelier. Les soirées d'hiver se prolongent à aligner les feuilles de contreplaqué, à serrer les bordés, à fixer la marotte avant. Puis le temps vient de coller, enduire et peindre. Au fur et à mesure, je vois le puzzle se constituer. Au matin, les odeurs de vernis passé en couches multiples se mélangent à celles du petit déjeuner, pain grillé ou café chaud. Je me sens associé à l'ensemble des étapes d'une gestation qui n'est pas forcément très différente dans l'esprit, qu'il s'agisse d'un Optimist ou d'un trimaran géant, la taille et l'investissement financier mis à part. Après de longues soirées d'ajustage et de ponçage, le bateau libère enfin l'espace et permet au salon de retrouver son usage familial.

L'Optimist est blanc de coque et verni à l'intérieur, retrouvant des élégances oubliées depuis que le plastique a imposé sa facilité. Les détails sont soignés et le devis de poids est respecté. Il a pour nom de baptême *Ptimerapid*. Son numéro de voile est le FRA 22689. Et il va porter mes premiers espoirs. Aujourd'hui, mes parents gardent cette belle pièce d'époque au chaud au fond du garage de leur maison charentaise. Et j'espère bien pouvoir le transmettre à mon fils.

Plaisancier, mon grand-père a toujours su entretenir ses voiliers, les quillards comme les croiseurs. Et mon père, lui aussi, sait y faire. Au-delà de l'habileté nécessaire à l'exercice de son métier de dentiste, il sait bricoler, réparer, aménager. Il adore scier, visser, emboîter. Je n'ai probablement pas hérité de tout ce talent. Mais, dans l'adversité du Vendée Globe, quand on ne peut plus compter que sur soi, j'ai su devenir mécanicien de mes pannes et retrouver l'héritage de mes aïeux.

Comme mon père, j'aime mettre la main à la pâte. J'espère pouvoir construire un jour ma maison, de préférence en bois, matériau ancien et nouveau à la fois, élément écolo qui fait des lieux où il fait bon vivre...

Saint-Yrieix

Il y a toujours eu une prime aux marins de bord de mer sur les pratiquants en plan d'eau intérieur. Les gamins des rivages affrontent des vagues qui paraissent bien plus réelles que les friselis des étangs ou les platitudes des bras de rivières. Surtout, les municipalités du littoral mettent les moyens pour profiter de leurs atouts naturels, développer les loisirs nautiques et faciliter l'accès à la mer des populations.

Le Havre, Brest ou La Rochelle considèrent leurs baies comme des terrains de sport qu'il faut équiper et entretenir afin que grandissent les bébés champions dessalés. Les pôles d'attraction sportifs se doublent de lieux d'engouement touristique. Les métropoles nautiques ont transformé les quais où déchargeaient les cargos et les hangars sous lesquels on vendait le poisson à la criée en lieux de promenade digestive mais surtout en parcs de loisirs nautiques où s'activer, du kitesurf au dériveur, de l'aviron au jet ski, de la régate à la baignade.

À l'intérieur des terres, les plans d'eau sont souvent gênés aux entournures. Le potentiel est moindre, les investissements se réduisent d'autant. Pêche, commerce ou plaisance, la tradition maritime est inexistante qui souvent permet d'activer des relais d'opinion, d'emporter l'adhésion des décideurs. Je commence l'Optimist à Saint-Yrieix, tout près d'Angoulême, à vingt minutes de la maison. Le plan d'eau n'est pas bien grand. Le vent y est souvent changeant mais cela permet d'affiner les perceptions. Les Rochelais qui viennent parfois se perdre en Charente intérieure pestent contre les risées déclenchées par le passage ébouriffant des camions qui passent en surplomb sur l'échangeur de la route nationale 10 toute proche.

Généralement, les gens de mer sont réputés aimer le vent fort, quand les gens de terre préfèrent les brises légères. Ce qui est sûr, c'est que les habitués aux conditions régulières s'arrachent les cheveux quand le vent tombe subitement et se relève sans rime ni raison de l'autre côté du bosquet d'arbrisseaux.

Parents très Optimist

Pour suivre le circuit de compétition en Optimist, et plus particulièrement pour un jeune comme moi, loin de la mer et des grands clubs littoraux, il me faut le soutien logistique des parents. Il faut qu'ils veuillent bien y consacrer leurs week-ends et aient suffisamment d'argent pour suivre la cadence assez dispendieuse d'un circuit qui nous fait faire au moins une dizaine de milliers de kilomètres par an, si ce n'est plus... Si mes parents aiment la mer et nous ont embarqués sur l'Atlantique, ils pourraient renâcler devant ces contraintes et préférer continuer à faire de la croisière côtière. Pas du tout. Ils se prennent au jeu, s'investissent dans l'histoire, y consacrent leurs vacances. Bientôt, cela n'a plus rien d'un sacerdoce. Très liants, toujours partants pour donner un coup de main, ils se font des amis, prennent des responsabilités dans l'association et intègrent en bénévoles les comités d'organisation.

Le samedi matin, on charge le monospace familial. On accroche la remorque, on vérifie qu'on n'a rien oublié. Et en avant ! Pendant le trajet, les trois enfants font leurs devoirs, réanimant le souvenir des cours par correspondance du CNED, autour de la table du carré de *Peskavel.* En fin de matinée, une fois sur zone, il y a le déchargement des bateaux, souvent à la charge des adultes tant que les jeunots ont encore le biceps maigre. Il faut ensuite établir le gréement à livarde, remplir les formalités d'inscription, assister au briefing d'avant course et remplir le bidon étanche de boisson et de barres énergétiques.

Philéas

J'ai dix ans. Je suis heureux à la barre de ma coque de noix. Je suis fier de mon bateau en bois, réalisé à l'unité, cadeau d'un père à son fils. J'apprécie la différence affichée face aux cohortes d'embarcations sorties à la chaîne des usines à loisirs. Il se crée avec *Ptimerapid* une symbiose originale qui est sans doute proche de celle d'un cavalier avec sa monture ou de celle d'un musicien avec son instrument.

L'ennui, c'est que le sport fait peu de cadeaux à la sentimentalité. Mes performances sont bonnes mais il y a quelques manques dans certaines conditions de vent. Le bois a ses lenteurs, quand le plastique est assez fantastique dans sa polyvalence et dans son usage. Je me rends compte que la compétition a ses règles. Je progresse, et si je veux essayer de jouer les premières places, il va me falloir me séparer de ce beau navire en bois.

Lors de la première compétition nationale, mon père croise Bruno Hervouët. Ce grand gaillard au crâne ras a navigué en Requin. Amateur des beaux bateaux amoureusement finis, il débute dans le métier. Il veut lancer un petit chantier « Philéas » pour construire des Optimist de compétition… Pas facile de percer dans un secteur où quelques constructeurs sont déjà bien en place. Les discussions avec mon père sont tout de suite pleines d'enthousiasme. Nous serons son premier client !

On va suivre toutes les phases de la construction. Ces visites au chantier sont des moments agréables et intenses de complicité. Dans l'atelier où flotte la poussière, où ronflent les ponceuses, où s'entrechoquent les outils, se transmet une manière d'approcher la matière et les techniques, une façon de créer son univers, un plaisir à faire advenir les choses au lieu de les subir ou de les consommer. On voit le bateau prendre forme. On découvre les façons de concevoir un prototype qui ensuite fera office de tête de série et ouvrira la route à une cohorte de petits frères. Le numéro choisi témoigne d'ailleurs de ce côté précurseur. Voilà venir le FRA 101…

Cette collaboration avec Philéas va se poursuivre pendant toutes mes années Optimist. Il me fabriquera une nouvelle coque en époxy, encore une tentative couronnée de succès d'innover, de tenter le diable. Nouveau numéro : FRA 301.

Belles années

Je suis mordu. Je demande à en faire encore plus. Je suis en train de devenir l'un des meilleurs Français de mon âge et cela me convient parfaitement. Je ne suis pas bien grand ni très épais. Je reste longtemps un petit gabarit. Je suis accoutumé à évoluer au milieu d'enfants ou d'ados plus costauds que moi. À l'école, j'ai un an d'avance. Ce qui me handicape en gym ou dans des activités où il y a une prime à la force et à l'envergure. En Optimist, au contraire, rien ne vaut les petits formats. Il faut être gringalet pour ne pas traîner de kilos superflus sur cet engin peu puissant. Il faut aussi avoir la tête claire et l'esprit stratège. Même quand le vent souffle, il faut savoir ruser avec les excès météo au lieu d'imaginer les affronter brutalement. Une fois l'expérience acquise, le poids plume n'est plus vraiment un handicap quand la brise est venue.

Mes parents négocient bien ces moments d'apprentissage. Ils sont présents sans en faire trop. Ils m'accompagnent sans surinvestir sur mes résultats. Je navigue pour moi, pour mon plaisir, pour mon envie de réussir. Ils ne sont pas comme certains parents de jeunes sportifs qui vivent par procuration la vie de leurs enfants et injectent dans la tête de leurs bambins une pression que seul un adulte peut gérer.

Mon père n'est pas vraiment un compétiteur. Il préfère la croisière, la balade, le bricolage. Toujours partant pour le bénévolat et l'implication associative, il devient l'un des jaugeurs de l'association Promotion Optimist (POP). Avant la régate, sous de grandes tentes chauffées par le soleil, il mesure les bateaux, les gréements, les voiles, les dérives, les safrans, s'attachant à ce qu'ils répondent à des normes exagérément précises, imposées par l'équité sportive et la sécurité des enfants. Il fait ça avec compétence et bonhomie, tentant par là de ne pas transformer ce moment fastidieux en une autre forme d'examen exagérément scolaire.

Mes sœurs pratiquent aussi l'Optimist. Alice, l'aînée, entre dans la danse un peu tardivement pour avoir des résultats notables dans une série où l'on débute la compétition en catégorie « benjamin », avant de s'épanouir en « minime ». Cécile, la plus jeune, réussit de bonnes performances mais sans y attacher une importance exagérée.

Toutes deux ont moins l'esprit de compétition que moi. Elles sont contentes de ces week-ends au grand air, ravies de retrouver une même bande d'amis. L'aspect social de l'activité les intéresse plus que le strict registre sportif. Les vacances familiales s'organisent selon le calendrier de la série. Les week-ends d'automne et de printemps nous voient sillonner la Charente-Maritime. La famille se déplace à La Rochelle, Fourras ou Royan pour des rassemblements régionaux. Angoulême a aussi le droit à son épreuve avec vents changeants et zones à éviter qui font pester les habitués aux brises établies de l'océan.

Pour l'épreuve nationale de printemps, on se retrouve souvent en Méditerranée, à Port-Barcarès, Martigues ou Sainte-Maxime. Cette régate est souvent sélective pour les championnats d'Europe ou du monde. L'été, la coupe nationale s'établit en Bretagne, à Carnac ou ailleurs, sur le lac de Maubuisson ou parfois en montagne, à Serre-Ponçon.

Nul besoin d'agence de voyages. Les destinations sont connues dès publication du calendrier sportif. Souvent, la famille prolonge ses séjours dans des régions où elle n'aurait pas forcément eu l'idée de se rendre.

5

L'adolescence du marin glisseur

Justice nautique

La compétition en voile apprend bien d'autres choses que le simple art de la navigation et des nœuds marins. Dès les années Optimist, vous devez avoir des connaissances techniques et comprendre comment préparer et régler votre bateau. Vous vous retrouvez aussi traité comme un justiciable, devant jouer les procureurs ou les avocats. Sur l'eau, les concurrents font respecter les priorités et les règlements en criant plus fort que le voisin. Et quand il y a conflit, il y a réclamation. À terre, après la régate, il y a audition des parties devant le jury, avec citation des témoins. Et c'est comme ça qu'à douze, treize ans, au lieu d'aller manger une glace sur la promenade avec les copains, on peut se retrouver au cœur d'un procès miniature, à devoir argumenter, attaquer, plaider sa cause.

Le jury cite à comparaître et demande à chacun de raconter ce qui s'est passé. Il faut avoir l'art de la synthèse et l'habileté de mettre l'accent sur ce qui avantage votre cause. Ensuite, le vainqueur sur tapis vert doit savoir cacher sa joie ou son soulagement. Et le débouté doit être capable de prendre sur lui pour évacuer la mauvaise nouvelle et savoir relancer les dés sur le tapis bleu du lendemain.

L'Optimist est un bateau rikiki où l'on travaille le sens tactique et stratégique plus que la musculation des abdos ou l'art de la glisse. Le bateau va lentement, mais c'est ce qui en fait une excellente école pour les stratèges en herbe.

Émancipation ado

En benjamins, avant douze ans, la présence des parents est acceptée, sinon souhaitée. En minimes, à l'âge du collège, la jeune classe est ravie quand la famille s'éloigne un peu et ne revient qu'à la fin des épreuves. Petit à petit, je me surprends à apprécier les stages avec l'équipe de la région, l'équipe de ligue comme on dit. Et puis ce sont des déplacements à l'étranger au sein de l'équipe de France pour les championnats du monde ou d'Europe. Ces rassemblements ouvrent sur la complémentarité des modes de vie, sur la différence des paysages, sur la diversité des rites et des habitudes. Cela permet de tester ses connaissances en anglais, et d'éviter la répétition scolaire, pour se faire Européen d'aujourd'hui.

De ces voyages, j'apprends beaucoup, et pas seulement sportivement. Socialement aussi, la vie de groupe permet de s'affranchir de ses timidités. De prime abord, je suis plutôt réservé. Il est difficile de m'imaginer en boute-en-train, en leader à voix sonore, en bavard rigolo. J'ai besoin de me sentir en confiance pour sortir de ma coquille, pour me départir de ce sérieux des bons élèves. Mais je m'intègre facilement. Et il peut m'arriver de prendre de l'ascendant dans un groupe de jeunes de mon âge, tout en douceur, sans la ramener trop fort. Pour les bêtises sans importance de cet âge, je ne mène pas la farandole mais je prends ma part.

Les premières petites copines sont venues avec l'Optimist. L'univers marin est plus attrayant que ne l'est le collège, où les horaires et les contraintes sont multiples. Surtout, voile rime avec vacances. Une certaine liberté se conquiert les soirs d'été, quand la nuit est douce et l'heure du coucher retardée, lors des barbecues organisés à la fin des compétitions. Près des marinas, entre les bateaux rangés pour la nuit, les croisements de regards et les rires forcés permettent aux corps émergents de se découvrir. Lors des promenades le long de l'océan, sur la plage autour des feux de bois, des mains se cherchent et peinent à nouer des doigts sciés par les cordages et couverts d'ampoules.

La glisse en Dart 18

Il y a deux marins en moi. Le marin sportif qui aime la régate à armes égales, la lutte sur des bateaux frères, le bord à bord acharné où on gagne mètre après mètre, où l'on s'accroche comme un mort de faim à l'avantage le plus anodin, où l'on pèse la moindre décision sachant que toute erreur se paie au prix fort, et le marin glisseur qui, lui, aime la vitesse, les dérapages incontrôlés, les brusques accélérations qui envoient valser les stratégies les mieux pensées, l'écume qui mousse et bouillonne en une exaltation qui décrispe les mâchoires, qui fait rire aux éclats.

L'Optimist est l'enfance sage du marin sportif. Le Dart 18 est l'adolescence exagérée du marin glisseur. Pour venir assister de loin à nos régates d'Optimist et pour pouvoir aller vite sur l'eau, mes parents achètent un Dart 18. Ce petit catamaran de 5,48 mètres est le bateau idéal pour les couples, car il aime les poids légers. Évidemment, je ne tarde pas à me glisser dans la ceinture de trapèze réservée à ma mère et à m'arroger la place d'équipier. Mon père apprécie mon enthousiasme maritime et mon caractère opiniâtre. Nous courrons quelques régates ensemble, pour le plaisir.

Un jour où il y a beaucoup de vent, mon père réalise que ses 90 kilos seraient plus appropriés pour faire contrepoids au trapèze que mes 35 kilos tout mouillés. Et me voilà à dix, onze ans, avec la barre entre les mains. Je suis ravi de cette sensation nouvelle de toute-puissance sur un bateau qui va cinq fois plus vite que mon Optimist. Je m'amuse à mettre le catamaran en équilibre sur une seule coque et, au passage de la bouée au vent, je m'arc-boute sur le stick pour réussir à faire abattre l'engin aérien. Bientôt, j'accapare le bateau et y embarque mes sœurs ou mes amis.

Cette découverte de la vitesse en Dart 18 me tatoue le plaisir du dépassement et l'excitation de l'outrance quand l'Optimist tenait plus du jeu de go au ralenti, de la partie d'échecs à petit feu. Je vais combiner ces deux influences, les marier plutôt que les opposer. Sur le monocoque du Vendée Globe, le cartésien que je suis doit solliciter son feeling pour faire planer son bateau. Sur le grand trimaran, au contraire, il faut que l'ivresse qui peut conduire à une exubérance affolante soit numérisée par la conscience du risque et sa gestion précise.

Pension choisie

Les années collège se déroulent à Châteauneuf-sur-Charente, où mon père a ouvert son cabinet dentaire. C'est à cinq kilomètres de la maison et je ne cesse d'aller et venir sur mon vélo, entre les domiciles des copains et mes diverses activités. J'aime le grand air, les balades en extérieur. Je fais du kayak sur les bras de la Charente, du skate sur le bitume devant la maison, du snowboard l'hiver sur les pentes neigeuses. Si les vagues avaient été plus proches, je me serais sûrement mis au surf.

Gamin, le temps de trois séances, je me suis essayé au piano, mais cela m'a vite ennuyé. Ado, j'écoute Louise Attaque ou Noir Désir. J'emprunte la guitare d'un voisin, sans grand succès. J'abandonne vite l'idée de m'improviser chanteur de charme ou rockeur vengeur. Je n'ai ni oreille aiguisée ni sens du rythme. Un génie musicien ne se cache pas forcément sous le ciré marin. Dommage. Cela ne m'empêche pas d'avoir une vraie sensibilité pour la musique, que j'écoute assidûment aujourd'hui. Je passe aussi mes navigations à guetter les cris et les plaintes du bateau, ses mélopées et ses hurlements. Il est question de la stridence et de la résonance du carbone, de la rythmique du train de vagues.

Je suis sensible à l'actualité et attentif à la situation politique. À la maison, les discussions sont animées et les visions développées. Mais cela ne se traduit par aucun engagement précis. On ne me voit pas mobiliser les foules, agiter des pancartes ou coller des affiches. Ce qui ne veut pas dire que je me sens complément désinvesti ou totalement hors sol. Déjà, je lis des magazines, des essais, des récits, des propos techniques ou scientifiques. J'ai un an d'avance. J'ai la chance d'apprendre vite et bien, d'aimer ça et de n'être bloqué par aucune angoisse à l'heure des examens, moments de vérité dont l'approche m'exalterait plutôt, un peu comme quand il s'agit d'un départ de régate.

Mon lycée se situe à Barbezieux, à une vingtaine de kilomètres au sud de la maison. À la suite de ma grande sœur, j'intègre l'internat, afin de gagner en efficacité, de ne pas perdre deux heures par jour dans les transports. Cela n'a plus rien à voir avec la vie des pensionnaires d'antan. On n'est plus prisonnier du lieu, verrouillé par l'autoritarisme de préfets de discipline, consigné un trimestre entier loin de la famille et de la vie extérieure. C'est une version light et moderne où l'autonomie est encouragée. Je rentre tous les mercredis midi à la maison pour mes activités sportives. Je ne dors au lycée que les lundis, mardis et jeudis.

Un élève sur cinq de l'établissement a choisi ce statut qui convient bien aux lycéens des petites communes de campagne, fatigués des dessertes raréfiées des bus scolaires. On est logés par chambres de quatre. L'emploi du temps reste précis. 18 heures, étude obligatoire. 19 heures, dîner commun. 20 heures, détente. 21 heures, étude en chambre. 22 h 30, extinction des feux. Un jour par semaine, il y a soirée libre, jeux, discussion ou télé. L'écran est encore unique et le débat fait rage entre ceux qui veulent voir le match de foot et ceux qui préfèrent un film.

Cet éloignement de la maison alors que je n'ai que quinze ans va m'éviter toute crise d'adolescence. Si tant est que j'aurais pu avoir la tentation de me braquer contre mes parents, ce dont je ne suis pas certain du tout. Je n'ai pas l'âme d'un révolté, d'un contestataire de tout et de rien, ni d'un fracasseur de conventions. Je sais dialoguer, négocier, accepter l'interdit quand il me paraît raisonnable ou le contourner quand il me semble ridicule. Et comme mes parents eux-mêmes ne sont pas exagérément exigeants ou injustement pénibles, je pense que tout se serait bien passé.

Trophée des lycées

À Barbezieux, je décide de monter un projet pour le « Trophée des lycées ». Il s'agit d'une épreuve nationale en voilier qui réunit tous les printemps les différents établissements du pays. Il faut trouver le budget pour louer le Class 8, un petit quillard de 8 mètres, sélectionner, entraîner et mener les quatre autres membres d'équipage.

Je pars de loin. Barbezieux n'a jamais eu d'engagés dans cette compétition. On est en Charente, au milieu des vignes, dans un environnement rural. Ça joue au foot ou au basket, mais la tradition maritime est proche du néant. Les lycées de bord de mer, eux, sont coutumiers du fait et sont présents chaque année. Une continuité s'instaure, souvent soutenue par les profs de gym ou des enseignants qui aiment naviguer. Les débuts sont rudes. Je me renseigne sur le budget à réunir, les coûts incompressibles, les passages obligés pour se présenter sur la ligne de départ de façon à peu près crédible. Il faut lancer une campagne d'information et de sensibilisation au sein de l'administration du lycée comme dans la cour de récré. Ensuite, je me mets à la recherche de subventions. Je tire les sonnettes des institutionnels, des collectivités territoriales, des chambres de commerce. Je tanne les corporations, les associations, les commerçants.

Je démarche tout le monde, partout, tout le temps. La presse locale s'intéresse au projet original du marin en herbe. Je finis par boucler mon budget. Je reçois même l'aide d'un particulier anonyme avec un petit mot sur lequel je lis : « Voilà un projet audacieux en terre charentaise pour partir se battre en terre bretonne. » La compétition a lieu à La Trinité-sur-Mer. Soixante-dix équipages sont attendus.

Les subsides réunis, les autorisations obtenues, le moment est venu de recruter les talents locaux. Ils sont peu nombreux. Je suis le seul à avoir l'expérience de la régate… Et encore, je connais mieux l'Optimist que la course-croisière… Je débauche un planchiste et un gars qui a fait un peu de catamaran de sport. Je convaincs deux handballeurs qui n'ont jamais mis le pied sur un bateau de nous accompagner pour faire le nombre, servir de lest mobile et tirer sur les ficelles. Cela plaira beaucoup à l'un des deux, qui deviendra plus tard convoyeur de yachts. On monte une association pour pouvoir gérer l'affaire. On loue une camionnette et on supplie un prof de gym de bien vouloir nous accompagner, car aucun de nous n'a de permis de conduire.

Nous voilà à pied d'œuvre à La Trinité. L'ambiance à bord est bonne. Les résultats sont honorables. Surtout, je suis fier d'avoir mené à bien cette histoire, d'avoir poussé en solo les wagonnets d'un projet qui aurait pu en rebuter beaucoup.

Passage par le Moth Europe

Même si c'est une excellente école régatière, l'Optimist ne va pas très vite et je suis en manque de glisse. Ma grande sœur navigue déjà en Moth Europe. Je lui emprunte de temps en temps son bateau et y prends plus de plaisir que sur mon Optimist…

Le Moth est un joli bateau, sensible et parlant. Pour mon gabarit, il est déjà grand et voilé. Assez bas sur l'eau, il dispense des sensations agréables. La barre est d'une finesse parfaite. On place l'étrave à la perfection. La maniabilité est garantie. Les possibilités de réglages sont nombreuses. Bien sûr, je ne tarde pas à solliciter Bruno Hervouët et son chantier Philéas, installé à Fouras, pour qu'il me suive dans cette nouvelle histoire et qu'on reproduise cette aventure technique à symbiose sportive. Rapidement, j'arrive à dominer cette belle machine. Deux ans après mon premier titre de champion de France en Optimist en 1997, je suis à nouveau très fier d'être en haut du podium national mais cette fois-ci chez les « grands », en Moth Europe.

Le bac

Le nouveau siècle s'annonce. On est en juin 2000 et je me libère de mes obligations scolaires. Je décroche le bac, mention très bien. Je ne suis pas un matheux pur. Je ne me perds pas dans la théorisation parfaite, préférant la mise en pratique. Je me débrouille mieux en physique. Les procédés mécaniques m'intéressent. Ce qui tombe bien, vu qu'ils sont requis dans la construction des bateaux.

Je me souviens de mes notes en français, épreuve qu'on passait un an plus tôt en fin de première. 16 à l'oral, 14 à l'écrit. Le reste est plus flou. Je me rappelle un sujet de philo qui m'a plu : « Est-il facile de penser librement ? » Aujourd'hui, je persiste à dire qu'il est loin d'être simple de s'affranchir des déterminismes et des conditionnements. J'ai fait allemand première langue, mais mes notes en anglais sont bien meilleures.

À ma grande surprise, cette mention va me désigner à l'admiration générale et me suivre indéfiniment, telle une Légion d'honneur inaugurale. Ce dont je serais malvenu de me plaindre. Pour autant, je trouve que notre pays est trop attentif aux récompenses précoces et beaucoup moins à la formation tout au long de la vie. Belle mention au bac, entrée à Polytechnique, à HEC ou à l'ENA, en France, c'est comme si tout se jouait entre dix-huit et vingt-cinq ans et comme si, ensuite, on était juste tenu de rester à la hauteur des espoirs tressés comme des lauriers éternels. En revanche, il est difficile pour les hors-venus, les formés sur le tas ou les autodidactes de rattraper le temps perdu dans les débuts de carrière.

6

Ingénieur olympique

Orientation

La logique voudrait que j'entame une classe prépa, que je fasse math sup puis math spé. Ce qui me permettrait, par exemple, de m'orienter vers le métier de météorologue qui m'a toujours tenté. Mais je ne veux pas abandonner la compétition à voile. J'ai envie de voir si je suis capable de concilier études d'ingénieur et pratique de la voile olympique.

Pour l'instant, je ne me suis pas consacré au sport de façon exagérée. J'ai préféré rester dans mon milieu naturel plutôt que de délocaliser mon énergie en section sports-études, à La Rochelle ou ailleurs, néanmoins j'ai envie de tenter le coup, de voir jusqu'où je suis capable d'aller sportivement. Pas question toutefois de m'engager à cent pour cent dans une voie qui peut déboucher sur une impasse. Je ne veux pas me couper toute possibilité de reconversion professionnelle et devoir faire ma vie dans un univers qui pourrait se révéler rébarbatif si la réussite n'est pas au rendez-vous.

Bien classée au palmarès des écoles d'ingénieur, l'INSA permet de concilier les deux options. Sur le campus de l'école, on croise des sportifs de haut niveau. Il y a des athlètes, des cyclistes, des kayakistes, des rugbymans, des skieurs, des footballeurs, et des « voileux »... En tout, vingt sportifs à chaque promotion. Il y a deux tiers de garçons et un tiers de filles. C'est un lieu de formation scientifique, mais aussi de nuptialité. Cinquante pour cent des filles vont trouver l'âme sœur avec un ingénieur de l'école.

Nous logeons dans de petits appartements, avec parfois comme colocs des pratiquants d'autres sports. Se confronter à d'autres problématiques est intéressant. Les voileux ont la chance d'avoir le temps devant eux. J'ai gagné le Vendée Globe à vingt-neuf ans. On a fait de moi un bébé champion quand, dans d'autres domaines, je serais déjà vu comme un vieux retraité. Un nageur, un gymnaste, un athlète ont un compte à rebours autrement accéléré. Ils doivent « performer » avant que leur corps ne fatigue et que la nouvelle génération, plus frétillante, les bouge de là. Et puis il y a la différence des implications demandées. Le voileux varie les registres, cumule les compétences, multiplie les expériences. Et s'abstient de trop mobiliser des capacités physiques pas décisives. Pour nous la vie est belle, avouons-le ! En regard, le nageur s'envoie des rations d'efforts quotidiens à se rendre malade. Il compte les carreaux de la piscine, matin, midi et soir. Il répète les mêmes gammes en vase clos quand le voileux apprécie le paysage marin et voit varier l'intensité des couleurs de l'arc-en-ciel.

Génie mécanique

L'INSA forme des ingénieurs généralistes. Les premières années correspondent à une prépa intégrée, math sup et math spé. Les sportifs ont un emploi du temps aménagé avec seulement trois jours et demi de cours par semaine. Ils font en trois ans ce que les autres étudiants terminent en deux. Ensuite, le cycle ingénieur s'effectue normalement en trois ans et les sportifs adaptent leur cursus en fonction des contraintes de leurs compétitions. Certains arrivent à tenir le rythme des autres étudiants quand d'autres, qui frayent avec le sport professionnel, peuvent mettre presque dix ans pour valider leur diplôme !

Les matières vont des maths aux sciences de l'ingénieur. Il y a aussi de l'informatique, de la biochimie, des sciences des matériaux. À défaut de philo, on acquiert des « humanités », grâce à une ouverture sur des domaines plus littéraires. Je vais me spécialiser en génie mécanique, compétence qui anticipe sur mon activité future. Pour autant, je me considère comme un ingénieur généraliste.

Il y a de plus en plus de marins solitaires qui ont une formation technique. Il est évident que les savoirs se multipliant, la rationalisation progressant, le numérique imposant sa loi, il est bon d'avoir des bases en ces matières pour pouvoir parler d'égal à égal avec les techniciens. Pouvoir analyser les tenants et les aboutissants techniques ne procure pas la vista stratégique nécessaire pour briefer les architectes. Savoir compter ne vous évitera pas de devoir démonter le winch qui grince ou le moteur qui ratatouille. Être capable de coder ne vaut pas un bon sens marin. Mais quelques bases scientifiques se révèlent parfois très utiles.

Le catamaran olympique

Entre le Moth Europe et le Tornado, entre le dériveur et le catamaran, il y a un monde. Le premier est un petit animal charmant et apprêté qui danse sa gigue avec précision et application sur le parquet ciré des attentions élégantes pour la navigation en solitaire. Le second est une brute splendide qui se conduit en double. Il vous envoie très haut voler le feu du ciel, matraquant l'horizon et l'éclipsant à vitesse grand V, exigeant de la fureur et de la violence quand l'on croit toujours que la régate est un passe-temps civilisé.

Le Moth Europe est présent aux Jeux mais réservé aux filles. Le Tornado est, alors, « le » catamaran olympique. Il n'y a pas plus dissemblables que ces deux univers : du solo au double, du monocoque au catamaran… Et pourtant je vais passer de l'un à l'autre. On est en 2000. Il faut se préparer pour les JO d'Athènes de 2004, mais surtout pour ceux de Pékin en 2008. Tout cela ne se construit pas en un jour. Cela demande du temps, de l'opiniâtreté, de l'anticipation. Je brûle de monter sur Tornado, ce qui tient du triple salto avant et du saut dans le vide, vu mon itinéraire.

C'est une rencontre qui me fait passer le cap. Romain David est, comme moi, étudiant à l'INSA et navigue aussi en Moth Europe. Il est marseillais. On se croise tant sur le campus à Lyon qu'aux entraînements au pôle France à Marseille. On discute, on sympathise et on décide d'unir nos envies et nos proximités. Je serai barreur. Il sera équipier. Cela se fait tout seul, sans négociations difficiles. J'ai un profil qui correspond à la fonction et lui aussi. Nos parcours sportifs, nos capacités physiques et nos vœux secrets nous tracent la route.

Afin de moderniser la donne, le Tornado vient de se doter de deux trapèzes et d'un spi asymétrique. Désormais, le barreur doit lui aussi enfiler une ceinture de trapèze et jouer les funambules, tout en tenant le stick télescopique. L'équipier continue à tirer sur les écoutes de grand-voile et de foc, mais en prime, il doit aussi régler le spi. La France nautique a toujours eu un faible pour le Tornado. Le pays des grands multicoques de course au large a pris en sympathie les régatiers olympiques qui, eux aussi, s'essaient au catamaran. Deux médailles d'or ont fini dans l'escarcelle.

Quand, au tournant du siècle, nous débarquons avec Romain dans cette nouvelle série, les perspectives sont loin d'être dégagées. Nous n'avons pas choisi le secteur le moins encombré. Mais cette densité est aussi signe d'une intense émulation et de progrès certains. La hiérarchie en Tornado est relativement stable. Les vingt premiers mondiaux sont professionnels. Ils ont de l'ancienneté et de l'abattage. Et ne comptez pas sur eux pour libérer la place ! Le turn-over international est d'autant plus faible que la France est le seul pays à offrir d'autres perspectives que la continuité sans changement aux tornadistes, dont l'expérience est appréciée sur les grands multicoques.

Les têtes d'affiche françaises se nomment Olivier Backes et Laurent Voiron, Xavier Revil et Laurent Guillemette, Yann Guichard et Christophe Espagnon. Ils sont là depuis de nombreuses années et font partie du top 10 mondial. Les espoirs s'appellent Billy Besson et Arnaud Jarlegan, Matthieu Souben et Gurvan Bontemps, François Morvan et Matthieu Vandame. Et il y a nous, les bleuets, les poussins, les débutants.

La taxe d'apprentissage

Avec Romain, les rôles sont répartis. Je m'occupe de la recherche de financement. Il se soucie de la logistique. Un Tornado coûte cher. Environ 25 000 euros pour un bateau neuf. C'est souvent ce qui rend l'accès à ce magnifique bateau difficile. Le privilège de la navigation sur ce bolide olympique passe nécessairement par le sponsoring, les subventions fédérales…

Mes résultats en Optimist et en Moth m'ouvrent quelques portes. Le conseil général de la Charente et le conseil régional Charente-Poitou me connaissent. Les entraîneurs et conseillers techniques locaux savent qui je suis et m'écoutent avec plus d'attention qu'un illustre inconnu quand je viens leur faire part de notre projet olympique. Claire Fountaine, directrice des équipes de France et rochelaise de toujours, me donne un coup de main décisif pour armer ma nouvelle ambition. La région et le département acquièrent ensemble un Tornado et le mettent à notre disposition.

Au-delà des aides des collectivités, un dispositif va nous faciliter grandement la tâche et nous permettre de mener notre projet à bien. Comme beaucoup d'écoles de commerce ou d'ingénieurs, l'INSA bénéficie de la taxe d'apprentissage. Les entreprises y consacrent 0,1 % de leur masse salariale. Il s'agit d'aider la formation et rapprocher le monde de l'entreprise des campus. La voile est un bon support pour communiquer auprès des étudiants. Cette activité rime avec prise de risques, esprit d'équipe et développement durable.

Avec l'INSA et la section sports études, les choses sont claires. Si un sportif se débrouille pour convaincre une entreprise de verser une taxe d'apprentissage à l'école le porteur d'affaire peut bénéficier de 80 % du don. Ces 80 % sont affectés à de l'achat de matériel qui appartient à l'école mais qui est prêté au sportif, le temps nécessaire. Ce dispositif intéresse les marins mais aussi les sports mécaniques, en particulier les pilotes auto ou même les skieurs. La taxe ne peut servir au fonctionnement, au transport ou au logement. Il faut donc y ajouter des subventions du club, de la région ou de la fédération. Comme pour le Trophée des lycées, je me retrouve à monter un projet, à élaborer un budget, à fabriquer une plaquette et à tirer les sonnettes. Je cible les boîtes qui ont des affinités avec la mer, qui sont déjà dans la partie nautique ou les grosses maisons qui ont un besoin permanent de jeunes ingénieurs.

Sopra, une SS2I, une société de services informatiques, va nous soutenir et me faciliter la vie. La saison terminée, les résultats engrangés, bons ou mauvais, il ne faut pas oublier d'aller rendre des comptes si on veut que la confiance perdure et que la taxe soit reconduite l'année suivante. Pendant cinq ans, nous allons réussir à bénéficier de cet apport important, sans lequel nos années olympiques se seraient réduites à peau de chagrin. Dès mes dix-huit ans, je dialogue avec des responsables d'entreprise, des directeurs administratifs et financiers, des directeurs des ressources humaines ainsi que des chargés de communication. Cela m'ouvre l'esprit et me permet de prendre la mesure des choses, de comprendre les mécanismes de prise de décision, de savoir repérer les circuits de prescription et d'identifier les cliquets réglementaires ou humains à lever sous peine d'échec.

Belle Marseille

La cité phocéenne est aux antipodes de ma campagne charentaise, tranquille et avenante, assoupie et protectrice. La ville du Sud chaloupe de ses différences et de ses fureurs, tremble en carcasse vorace et en mère abusive, s'anime des excès des « paroles verbales » des grands tchatcheurs qui font le spectacle. La découverte de cet autrement est un bonheur inattendu qui m'éblouit quand je commence à y débarquer chaque fin de semaine, en étudiant indépendant, ouvert à la fraîcheur des attitudes et à la force des ruptures.

J'aurais pu m'enticher de Lyon. Mais je n'y passe le début de semaine que pour me reclure dans les livres, m'esquinter les yeux sur les écrans, m'enfermer dans les labos. Je suis là pour rattraper le temps perdu et les cours enfuis au cours des absences. Je vis sur le campus, dans un appartement partagé entre sportifs. Je profite peu de la vie d'étudiant lyonnais. Mes principales sorties du campus se font en course à pied, sur les quais de Saône ou au parc de la Tête-d'Or qui jouxte les bâtiments de l'école.

Le jeudi, l'objectif est de liquider les obligations scolaires du matin au plus vite, d'attraper le premier TGV sur le coup de midi et de réussir à s'offrir une courte navigation avant la nuit, dans une des plus belles rades qui soient. Moi qui suis habitué à la linéarité des pertuis rochelais, aux platitudes des îles de Ré et d'Oléron, à l'embouchure amollie et envasée de la Charente, je suis bousculé par la verticalité des calanques et le blanc aveuglant des îles du Frioul.

À Marseille, le décor est somptueux, accidenté, incisif, chargé d'histoire. Et puis, question symbole, il y a du monde alentour, des saints et des bandits, des jolies filles comme des voyous. Cette ville est un port, avec ses quais plombés de soleil, ses grues grinçantes, ses terminaux pétroliers là-bas en arrière-fond. Et puis il y a les échancrures dans la corniche comme autant de havres de paix, les pointus au mouillage, les restos de plage où accoster en planche à voile.

Cela m'amuse quand, approchant de la ville où il a grandi et où vivent ses parents – une infirmière, un prof de sport –, Romain retrouve l'accent dès le panneau de signalisation passé. Et, croyez-le ou non, il peut m'arriver de lui donner la réplique. Même aujourd'hui, alors que je vis en Bretagne depuis un moment, il ne faut pas me forcer beaucoup pour que je remette de l'aïoli dans mon phrasé. Ma copine est marseillaise. Elle se nomme Élodie. Ses parents sont profs de gym. Elle prépare une agrégation d'éco-gestion qu'elle obtiendra. On va rester sept ans ensemble.

Au-delà du folklore, je découvre à Marseille une jeunesse variée, inventive, intéressante, aimant le plaisir et le risque. J'ouvre les yeux et les oreilles, j'écoute et je réponds à qui m'apostrophe, moi qui suis plutôt discret, secret, avant qu'on ne m'aborde par la bonne face. Je m'imprègne de ces visages inconnus, de ces pratiques ardentes, de ces saveurs à profusion. Je découvre les arcanes d'une ville qui a sa bourgeoisie, ses endroits réservés, ses mutations accélérées. C'est à Marseille que j'ai vraiment vécu ma vie d'étudiant et rencontré beaucoup d'amis. Nous formons un bon groupe qui est toujours soudé aujourd'hui, malgré les années qui passent et les kilomètres qui nous séparent.

Marseille garde une place de choix dans ma mémoire, dans mon cœur. Est-ce le lot de chacun d'avoir la nostalgie de la ville qui l'a vu naître à la liberté ?

Transporter combi VW

Au début, à Marseille, je me balade avec mon sac à dos et mon sac de couchage. Je squatte chez les uns, chez les autres. J'ai une chambre en location à la nuit à Mazargues en back-up. Les voileux sont accueillants. Ils connaissent assez la chanson du « Puis-je coucher chez vous ce soir ? » pour la fredonner eux-mêmes quand ils naviguent loin de leurs bases. Mais toujours quémander peut fatiguer et il ne faut pas abuser des bonnes volontés.

Mes parents me font un beau cadeau. Ils m'achètent un Transporter combi Volkswagen d'occasion. Le toit est surélevé. Cela fait gagner en habitabilité et permet de loger un couchage au-dessus du poste de conduite. Il y a une partie cuisine avec évier, frigo, réchaud et une table de salon à déployer à l'arrêt. Il y a aussi multitude de rangement pour les vêtements, les combinaisons, les gilets de sauvetage, les bottillons et surtout les caisses à outils. Car un marin petit ou grand, sur un bateau petit ou grand, est avant tout un bricoleur. En voile olympique, c'est aussi un chauffeur routier. Les déplacements se font via le macadam, avec le bateau en accompagnant obligé. Avoir une remorque bien huilée est crucial si on ne veut pas manquer le signal de départ.

Le circuit s'organise à l'année à travers l'Europe. Cela hésite entre le go-fast entravé par le boulet du remorquage et la bohème foraine à caravane hoquetante. Les rendez-vous sont assez organisés et d'une régularité répétée. Les épreuves durent entre trois, quatre jours et une semaine, sans compter les entraînements qui précèdent. On démarre au 1er janvier à Palamos pour une remise en train festive. Puis on est à Palma début avril avant l'étape française, fin avril, à Hyères. En mai, c'est Medemblik aux Pays-Bas et puis Riva en Italie. Au solstice de juin, c'est Kiel sur la Baltique. Restent à placer les championnats d'Europe et du monde qui, eux, varient et peuvent nous changer d'hémisphère et de continent.

Le camion est une bénédiction pour les transhumances et le camping en bord de plan d'eau. On roule en binôme, avec sommeil garanti allongé pour le copilote. On fait étape sur les aires d'autoroute sans dépenser un euro en chambre d'hôtel ou en cafétéria glauque si on a bien pensé à l'avitaillement. Arrivés sur zone, on s'installe au plus près du parking à bateaux pour s'éviter les allers-retours vers les auberges de jeunesse des contrées perdues. On vit en autarcie locavore. Il faut juste ne pas être trop éloigné de douches publiques, mais le moindre yacht-club ou la pire des marinas en comptent toujours quelques-unes. Sinon, l'eau douce en tuyau qui sert à rincer les bateaux fait l'affaire.

Au retour, le Transporter prend ses quartiers à Marseille, dans l'enceinte sécurisée réservée aux bateaux du pôle France, au Roucas Blanc, tout près de l'hôtel Palm Beach, entre la corniche et le Prado. Disons dans l'endroit le plus convoité qui soit. Lors des entraînements, tandis que Romain regagne le domicile de ses parents, je me retrouve caravanier privilégié avec vue sur mer. Assis sur le siège passager, je récupère de ma navigation du jour en regardant le soleil finir lentement de se coucher à l'ouest. Yeux rougis par le sel, muscles déliés par la douche, une impression de splendide fatigue me tombe sur les épaules, doublée de la satisfaction d'avoir avalé des vagues et remonté le vent. Le moment de détente est total et jouissif, avec cette coloration spectaculairement brève des crépuscules que réserve la Méditerranée. Je salue les bricoleurs tardifs qui s'éclipsent les uns après les autres. Je jette de temps en temps un œil à notre bateau que j'irai tout à l'heure resangler si le mistral insiste.

Je profite de ce bonheur de se sentir libre et vivant. Quoi de mieux que d'être revenu à bon port, de négliger pour une fois la révision des cours de l'INSA, de faire bientôt chauffer le repas du soir avant d'aller retrouver les copains et copines dans la ville aux couleurs du Sud.

7

Variations d'appartenance

Les infos du monde

Le sportif de haut niveau vit dans un monde à part. Il doit se concentrer sur son activité, tenter d'y investir le meilleur de lui-même et surtout ne pas se laisser distraire de ses buts ultimes. Il se trouve souvent déconnecté d'avec les préoccupations habituelles des citoyens normalement impliqués dans leur activité et dans la vie commune. Il y a parfois une concentration exagérée sur des objectifs qui paraissent anodins ou surréalistes au tout-venant. Pour autant, je n'ai pas l'impression de vivre hors du temps comme peuvent le faire certains de mes copains compétiteurs, plus obsessionnels ou plus maniaques que je ne le suis. Le 11 septembre 2001, je suis à Hyères. On loge dans le camion. Les téléphones ne reçoivent pas encore Internet. Il n'y a pas de radio. Ou on préfère mettre de la musique. On n'apprend l'attentat contre les tours jumelles que le lendemain matin. On se sent en décalage complet avec cette folie terroriste, avec cette volonté d'anéantissement. Le dégoût se double d'incompréhension. L'effet de sidération est d'autant plus fort. La réprobation ne sait trop sur quoi se fixer, d'autant qu'il faut préparer le bateau, retourner sur l'eau, distiller les risées et enrouler les bouées comme si notre vie en dépendait.

Le 21 avril 2002, je suis à Marseille. On est en stage d'entraînement en Tornado. La présence de Jean-Marie Le Pen au second tour m'attriste. J'ai toujours accompli mon devoir civique. Ce qui n'est malheureusement pas si fréquent chez les gens de mon âge, qui entonnent souvent le refrain du « Tous pourris » ou du « Qu'est-ce qu'on en a à faire de tout ça ? ». J'ai toujours voté, n'ai raté aucun scrutin. C'est important pour moi. Vu mes vadrouilles incessantes, je confie souvent une procuration.

Appartenance maritime

J'ai grandi en Charente, pays doux et crémeux, campagne qui sent bon le bonheur calme et la félicité herbeuse. Les rivières y sont lentes, les arbres bruissent dans le vent douillet, les tuiles roses laissent croire que le Sud peut être vert. J'ai aimé Marseille, sa force, sa joie et sa chaleur humaine, ses grands bruits qui vous aèrent le crâne au risque de vous le trouer au marteau-piqueur. C'est la ville de ma jeunesse, de l'ouverture à la diversité des destins et à l'énergie des commencements. Aujourd'hui je vis en Bretagne, là-bas tout au bout, où les vents décornent les bœufs et où les vagues ont des fronts de taureau. Il pleut souvent mais sans que cela altère mon moral ou m'empêche de vivre dehors.

Parti depuis sous le soleil polynésien, Kersauson disait qu'« en Bretagne, il ne pleut que sur les cons » ! À vous de vous faire votre avis. *A priori*, il pleut sur chacun, et il suffit parfois de s'enfoncer le bonnet sur les sourcils pour passer à travers les gouttes… Je brave facilement les désagréments climatiques. C'est un peu mon métier et c'est un talent que j'ai. Et puis la Bretagne vous donne aussi souvent juin en décembre qu'avril en août. Et cette variation permanente, cette incertitude climatique, cette versatilité nuageuse me conviennent. Pour un marin qui aime désosser les phénomènes météorologiques et jouer à la grenouille montant et descendant l'échelle de Beaufort, la Bretagne permet de réviser en accéléré ses gammes quand les tropiques ont souvent l'alizé très installé.

Je vis à La Forêt-Fouesnant, au milieu des pommiers, dans une maison néo-bretonne des années 1970, derrière un portail en bois toujours ouvert. La mer est à trois kilomètres et je l'aperçois dès le premier virage, dans la descente qui déboule vers Port-la-Forêt, qui évite la vasière et passe devant le golf. La vie de village convient au campagnard que j'ai longtemps été. D'autant que cette bourgade est peuplée de gens de connaissance qui partagent le même goût marin que moi. Surtout, je passe plus de temps à boucler et déboucler mon sac de voyageur qu'à cultiver un jardin malheureusement souvent laissé à l'abandon. Je prends l'avion, je monte dans le train, je fais de la route en voiture. Mais surtout, je navigue et, pour ça, la baie de la Forêt offre des facilités et des plaisirs difficiles à égaler. En fait, mon pays, c'est la mer. C'est aussi mon bureau, mon site d'exploration, ma salle de gym, mon terrain de jeu, mon usine à rêves.

Au départ, je n'ai pas la fibre très patriotique. *La Marseillaise* ne me fait pas vibrer et je déteste ses paroles carnassières. « Qu'un sang impur abreuve vos sillons ! » Très peu pour moi. À l'inverse de mes ancêtres, je n'ai pas eu à me battre pour mon pays et je fais partie d'une génération qui s'est évité le service militaire. Longtemps, je me suis senti européen, citoyen du monde et surtout individu libre et sans attaches. Longtemps, je me suis senti tout et rien, n'appartenant à personne et pouvant être à l'aise partout. Mais la venue de mon fils a changé la donne. Depuis ma séparation avec Henriette, il vit en Norvège. Je fais beaucoup d'allers-retours. Et cela réveille un sentiment d'appartenance à ma patrie dont je n'avais pas conscience. Quand je me promène avec Hugo dans les rues de Stavanger, je me surprends à fredonner *La Marseillaise*, ce chant guerrier et entraînant, cet hymne de coqs à crête dressée, de fierté et d'agressivité.

Nous l'entonnons tous les deux, en hommage à un patrimoine commun que j'ai longtemps tenu pour négligeable et regardé de haut. Mais que je veux aujourd'hui lui transmettre. Cela nous fabrique une complicité et des souvenirs. Les expatriés le savent bien : c'est quand on est loin de son pays qu'on se redécouvre français. À bord de ses bateaux, mon père a toujours veillé à avoir un drapeau bleu, blanc, rouge en poupe. Je me moquais de lui. Mais il y tenait. Il ne rigolait pas non plus avec la sarabande des pavillons de courtoisie. Sur les voiliers, on les monte aux premières barres de flèche quand on arrive dans un port étranger, en guise d'hommage au pays hôte. Et on les redescend quand on quitte les eaux territoriales pour se perdre dans ce no man's land qu'est la haute mer, seul lieu sur terre à n'appartenir à personne et à concerner tout le monde. À moins que ce ne soit l'inverse…

Sur mon petit voilier, *Tiny Viking*, moi aussi, comme le faisait mon père, j'ai installé un porte-drapeau sur le balcon arrière. Et j'arborerai les couleurs de la terre où j'ai grandi et où je continue à vivre. Le bleu, blanc, rouge sera là pour dire que ce bateau est un bout de France qui sait mettre ses bottes de sept lieues pour sortir de l'Hexagone mais qui n'oublie pas d'où il vient, même dans les fjords les plus reculés.

J'ai convoyé *Tiny Viking* par la mer, de Port-la-Forêt à Stavanger. Je l'ai monté tout au nord du continent afin d'en faire une maison flottante pour mon fils quand je vais le retrouver là-bas. J'ai voulu aller l'amarrer aux pontons norvégiens pour en faire une résidence alternée. Elle porte en poupe un pavillon qui dit à Hugo que, s'il est norvégien, il est aussi français.

Bilan olympique

On est en 2005 et je ne sais plus très bien où j'en suis. Je me demande ce que je veux vraiment faire de ma vie. Le temps du choix est venu. Mes études à l'INSA touchent à leur fin. J'ai respecté le contrat implicite passé avec l'école. J'avais beau consacrer deux tiers de mon temps au bateau, j'arrivais à me remettre à niveau pendant les dix jours par mois que je passais à Lyon. J'y récupérais les cours séchés et je bachotais assidûment, histoire de retrouver la vista scientifique qui aurait pu se diluer au fil de l'eau.

L'ennui, c'est que je ne me vois pas en ingénieur « classique ». J'ai envie de me consacrer à la voile. Mais l'olympisme ne fait pas vivre son monde. Seule la course au large le permet. Cela fait cinq ans que je navigue en Tornado. Et je sens que je suis dans une impasse. Pourtant, avec Romain, nous avons progressé. Nous tournons parmi les vingt premiers mondiaux, mais ce n'est pas suffisant. La France n'envoie qu'un seul représentant en Tornado aux Jeux. L'équipe de France est toujours aussi forte et je ne vois pas comment on pourrait aller chercher, nous les petits jeunes, le seul et convoité ticket pour Pékin.

Je ne suis pas enseignant, comme beaucoup de profs qui arrivent à se faire détacher le temps où ils sont compétiteurs de haut niveau et qui retrouvent ensuite leurs classes à la fin de l'olympiade. Longtemps, les régatiers étaient aussi techniciens dans le nautisme, constructeurs, voiliers. C'est moins facile désormais. L'olympisme est devenu une activité à plein temps, exigeante et chronophage. Il faut naviguer quotidiennement, à Miami ou en Australie l'hiver, en Europe le reste du temps. Et puis je fatigue de tourner autour de trois bouées, de borner mon panorama à des baies cent fois visitées, cent fois labourées par les étraves de notre catamaran. J'ai envie d'aller plus loin, de continuer à naviguer une fois le soleil couché pour me perdre dans les étoiles et voir le lendemain ce qu'il y a derrière l'horizon. Peut-être aussi que je cherche à retrouver le large aventureux de mon enfance ?

En course au large, les bateaux sont plus impressionnants, les traversées plus furieuses, l'adrénaline plus forte. L'innovation technique et la créativité architecturale sont encouragées quand l'olympisme s'en tient à des règles de jauge qui évoluent *a minima*. Surtout, l'aventure est au bout du ponton et les océans sont des immensités autrement fabuleuses à défier. Sans compter que les budgets sont plus consistants, qu'il y a moyen d'en vivre.

Romain, lui, a d'autres envies. Il veut continuer la voile olympique. Et il se verrait bien ingénieur. C'est d'ailleurs ce qu'il est aujourd'hui. Il travaille dans les énergies renouvelables.

La rupture n'est pas simple. Un équipage, c'est un peu comme un couple. Quand il y a séparation, il y en a un qui est en recherche d'autre chose quand l'autre continuerait bien à l'identique. Malgré tout, Romain comprend ma démarche. Quelque part je vais retrouver un ami qui était devenu, sous la contrainte professionnelle de l'olympisme, presque un collègue de travail. Ce que nous avons vécu ensemble était très fort et nous marquera à jamais. Nous sommes toujours très bons copains. Je suis son témoin de mariage. Il est le parrain de mon fils.

Diplôme orienté

Pendant la scolarité à l'INSA, il y a nombre de stages à accomplir et de mémoires à rendre. Je dois avouer que je n'ai pas beaucoup diversifié mes sujets d'étude. En 2004, je fais un travail de recherche sur les safrans de l'hydraplaneur d'Yves Parlier, ce qui me permet de découvrir ce grand marin qui est également un inventeur et un aventurier. En 2005, je travaille sur les énergies renouvelables pour la structure de Raphaël Dinelli, autre participant au Vendée Globe. Cette étude ne doit pas être si mauvaise, car elle aidera Raphaël à décrocher un sponsor pour le Vendée Globe 2008.

Pendant la journée, je navigue. Le soir, je bosse sur mes travaux. Cela me permet de comprendre que je ne veux pas d'horaires fixes et de contraintes routinières, que je préfère m'organiser à ma guise, avoir une latitude d'action importante, être mon propre patron. En 2007, je travaille avec trois autres étudiants de la Filière Ingénieur Entreprendre de l'INSA sur la création d'un cabinet de conseil en écoconception dans le nautisme. J'ai déjà travaillé sur les thématiques écolos et il me semble qu'il y a plein de choses à imaginer dans le secteur : analyse du cycle de vie (ACV) des nouveaux produits, recyclage des bateaux de plaisance hors d'usage… Tout est à faire et notre business plan tient vraiment la route. On pourrait lancer le projet, reste qu'il faudrait s'y investir à cent pour cent… et que j'ai envie de continuer à naviguer. Beaucoup…

8

De l'intérêt des débuts difficiles

Le sponsor au fond de la piscine

La course au large rime pour moi avec Figaro. C'est le circuit classique pour faire ses gammes et apprendre le métier. Je pars de zéro. Il me faut trouver un budget, un bateau. Quand je décide d'arrêter le Tornado, je n'ai pas un sou de côté. Mes parents sont là, mais il n'est pas question que je les sollicite. Je suis adulte. J'ai terminé mes études. Il me revient de me débrouiller par moi-même. D'ailleurs, si mes parents m'ont payé mes années Optimist et Moth Europe, ensuite j'étais autonome. J'ai trouvé tout seul les financements pour faire du Tornado. Pour décrocher mon premier vrai contrat pro en Figaro, avec le parrainage de la région Bretagne en 2008, ce ne fut pas une banale promenade de santé. On raconte souvent que je suis un gâté de la vie, que tout m'est tombé tout cuit dans le bec, que je n'ai jamais galéré. C'est un peu plus compliqué que ça.

Pour se présenter sur la ligne de départ du Figaro, course en solitaire par étapes entre Bretagne, Irlande et Espagne, il faut donc un sponsor. Comme tous les marins, je multiplie les envois de plaquette, les démarchages téléphoniques et j'active mes maigres réseaux relationnels. En parallèle, je navigue jusqu'à plus soif. J'embarque sur tout ce qui flotte. Je suis l'équipier idéal, toujours partant, pas regardant sur le défraiement, ni sur les gratifications. J'accours dès que l'on me sonne. Je veux emmagasiner de l'expérience et tout fait mon affaire. Je monte indifféremment sur les Figaro de ceux qui ont déjà un budget, sur les beaux multicoques de 18 mètres, sur les bateaux du Vendée.

Il faut bien vivre. Souvent, les apprentis skippers se font un peu de menue monnaie en louant leurs services lors des régates corporatives. On est à La Trinité pour la « Régate de la piscine », qui réunit les fabricants de pataugeoires, de jacuzzis, de bassins olympiques et autres professionnels du bleu azuré.

Je suis à bord du bateau d'une petite start-up marseillaise, spécialiste des alarmes de piscine. Une loi vient de passer qui oblige les propriétaires à en équiper leurs bassins, afin d'éviter les noyades accidentelles, en particulier celles d'enfants en bas âge. En avance sur son marché, la société explose les perspectives les plus fastueuses et vient de réaliser un chiffre d'affaire de plusieurs millions d'euros. Sur l'eau, il y a les deux fondateurs, le directeur juridique, le directeur de la communication. Cela se passe bien. Ils sont agréables, intéressants, intelligents. Le moment est idéal pour apprendre à se connaître. L'ambiance est sportive et festive, intense et décontractée. Naviguer ensemble est une bonne manière de se découvrir en profondeur. On parle de tout, on s'amuse bien. On se quitte en promettant de se revoir.

Quelques jours après cette régate corporative, je les sollicite. Je leur propose d'accompagner le développement de leur entreprise en servant leur communication sur le circuit Figaro. Je cherche 150 000 euros pour la saison 2006. À ma grande surprise, ils me disent oui immédiatement. Ils sont en plein boum, ils ont besoin de notoriété. Et puis ce n'est pas très cher, et ils ont apprécié nos premiers échanges, le regard que je portais sur mon sport. Le Salon nautique se déroule en même temps que celui de la piscine. Les deux se tiennent à la porte de Versailles à Paris. Tout est idyllique. Le patron me présente officiellement au maire de La Ciotat, port où je pourrai amarrer notre futur bateau…

Perché sur mon petit nuage, je finalise notre accord et propose une première version de contrat de sponsoring. Les patrons l'approuvent mais veulent confirmation de leur directeur juridique, qui est en congé pendant deux semaines. Peu importe, j'ai des tas de choses à faire. Il me faut trouver un bateau, des voiles, une structure d'entraînement… L'ennui c'est que tout va très vite dans le monde en soudaine expansion des alarmes. Pendant les fêtes de Noël, la start-up rachète un de ses concurrents, puis quelques jours plus tard un deuxième. Ils projettent de s'introduire en Bourse le mois suivant ! Le développement externe se finance par l'emprunt et il ne reste plus assez de liquidités pour ma petite affaire. Et me voilà abandonné sur le sable de mes espoirs trahis, n'ayant plus que mes yeux pour pleurer les promesses oubliées.

Tout semblait si facile, le choc n'en est que plus rude. Il me faut repartir à la chasse au sponsor, ce paradoxe vivant, animal rare et argenté, passionné, instinctif et malgré tout rationnel.

Petits boulots

On est le 15 janvier. Larguée trop vite, la pendille vient se coincer dans l'hélice. Le Figaro, monocoque de 10 mètres que je dois convoyer de Marseille à La Grande-Motte, se met en travers dans le port. Je suis tout seul. Aucune aide à attendre de quiconque. Pour ma première en solitaire à bord d'un bateau gentiment prêté par un figariste marseillais et avant même d'avoir passé le musoir du port, j'ai le sentiment d'accumuler les calamités. Je coupe le moteur, je me mets en caleçon et me voilà parti à brasser dans une Méditerranée froide et nauséeuse. Je n'ai pas une minute à perdre si je veux éviter le désastre pour le bateau, doublé du ridicule pour le skipper débutant. Je plonge en canard pour démêler le filin. Moi qui déteste mettre la tête sous l'eau, me voilà servi. En dégringolant le long du safran, souffle coupé par le froid, j'ai quelques secondes pour me demander ce que je fais là et si j'ai choisi la bonne voie.

Les copains de mon âge viennent de sortir de l'école d'ingénieurs. Forts de leur diplôme de bon niveau, ils occupent leur premier poste, touchent leur premier salaire, songent déjà à leur plan de carrière. Elodie, ma copine, vient de réussir l'agrégation d'économie et entre à l'IUFM. Tous ont une voie tracée, des perspectives intéressantes, des projets structurés. Pendant ce temps, moi, je grenouille dans l'eau du port de la Pointe-Rouge sous la quille d'un bateau qui ne m'appartient même pas et avec pour unique perspective de naviguer en solitaire pour la première fois, par un bon mistral bien constitué.

Je n'ai pas de sponsor, pas d'argent, pas de plan bien défini. Ma seule envie, c'est de naviguer tant et plus. Il faut que je sache si je suis fait pour ça, si ça me passionne vraiment et si je peux envisager d'en faire un métier, à tout le moins une activité passagère. Les questions existentielles attendront. D'abord, débrouiller les torons serrés autour de l'arbre d'hélice. Tirer, couper, dégager le tout. Remonter quand l'air vient à manquer, prendre un bol d'air. Replonger pour vérifier que tout est clair, que tout va bien. Se hisser tétanisé en s'accrochant aux filières et avant même de s'éponger, repousser les voisins de ponton qui ne seraient pas contre une embrassade des gel-coats, relancer le moteur et se dégager de la mauvaise passe. J'enfile un haut de ciré et, toujours dégoulinant, lèvres bleuies, dents claquantes, je dirige mon bateau inconnu vers le large. Le temps de brancher le pilote automatique, de me sécher comme je peux et d'enfiler une polaire, il est déjà temps de hisser la grand-voile.

Le soir venu, après une bonne journée de cavalcade musclée, parvenu à bon port, le convoyage mené à bien, je me sens mieux. Les questions se sont effeuillées à mesure que le mistral les emportait et que le Figaro taillait sa route, bien calé sur le flanc.

Les amis accueillants

Ces années difficiles où je rame comme rament beaucoup de jeunes marins ne sont pas des années creuses, car je les remplis avec une énergie de tous les instants. Ce ne sont pas non plus des années noires, car il y a de l'entraide, de la fraternité, de l'accueil. Il y a des gens qui me disent « Sois le bienvenu » et ça fait un bien fou. Aujourd'hui, ça donne envie d'en faire autant pour ceux qui se lancent avec un cœur gros comme ça, avec une naïveté heureuse de vivre, avec un enthousiasme tout neuf. J'aime retrouver ce genre d'attitude chez les plus jeunes, car je me revois, plein d'allant, plein de fougue, voulant tout apprendre, tout connaître, tout explorer. Quand je pensais encore avoir un budget, avant que la piscine ne sonne l'alarme et le vide, je m'étais inscrit au CEM, Centre d'entraînement Méditerranée, à La Grande-Motte. Eh bien, j'ai beau être en manque de fonds, on ne me met pas à la porte, on m'accueille à bras ouverts.

Je joue les utilités. Je fais le second à bord quand il faut naviguer en double. Le skipper se débrouille comme s'il était en solo. Moi, je suis l'accompagnant pour le cas où. Je joue à l'assistant, au dépanneur, au chien de berger, selon les cas, selon les besoins. Quand l'un des marins manque à l'appel pour de bonnes ou de mauvaises raisons et qu'il est assez décontracté pour me faire confiance, je le supplée volontiers à la barre de son bateau. Et je fais le métier s'il a du matériel à tester, des voiles à essayer. Si je n'ai pas la possibilité de naviguer à la voile, je me mets au moteur. Je grimpe sur les bateaux d'accompagnement. Je donne la main aux encadrants, mouillant les bouées, chronométrant les arrivées. Tous les jours, je suis sur l'eau, comme les autres, plus que les autres.

À La Grande-Motte, Franck Citeau, l'entraîneur, a une approche collective des choses qui me va bien. Avec sa bénédiction, j'en profite. Kito de Pavant et Nicolas Bérenger sont les marins les plus connus, les piliers les plus solides. Kito est un type adorable, à la chevelure paille-foin. Il m'apprécie. Il me prête souvent son bateau. Il fera mieux en fin de saison, en me laissant disputer une épreuve du championnat de France des Figaro. Il ne peut y participer et me loue son bateau une misère, ce qui me permettra de finir premier du classement des bizuths. Antoine Koch est un copain rencontré au temps du Tornado. Il est skipper d'un multicoque de 18 mètres. *Sopra* n'est pas de première génération, mais il permet de s'aguerrir auprès des cadors des transats, les Desjoyeaux, Peyron, Bidégorry. Antoine m'embarque comme équipier. Je participe à la course Londres-Nice. Elle se dispute en équipage, avec escales. Je découvre la vitesse en trimaran, la nuit au large, quand la houle gonfle les poumons, que la lune grandit intensément et se pare de fossettes, quand les étoiles filent moins vite que le sillage scintillant de ces engins splendides.

L'intendance ne suit pas

Quand je navigue, tout va bien. Je fais des « piges » comme équipier sur le Tour de France à la voile, sur le Tour de Corse. Souvent, je fais office de navigateur et de météorologue embarqué. Cela rapporte un peu d'argent, permet de rester dans le coup et donne une visibilité sociale dans le petit monde du cirque bleu. C'est quand je reviens sur le plancher des vaches que la situation se détraque et que me revient en pleine figure la difficulté de débuter dans un secteur. Le sponsoring sportif ne rémunère pas forcément la constance dans l'effort et oublie parfois de verser la prime au plus méritant.

Florence Arthaud s'amusait à dire que c'était en boîte de nuit qu'on avait le plus de chance de trouver un sponsor. Les choses ont évolué et les processus de décision sont plus cadrés, les exigences plus formatées, le besoin de retour sur investissement plus précis. Je ne suis pas un oiseau de nuit de toute façon, et je sais assez que désormais il s'agit d'une démarche commerciale, qu'il faut prospecter et décrocher l'attention de personnes sursollicitées. Malgré tout, il reste de l'humain dans le sponsoring. Il faut convaincre mais aussi séduire, démontrer mais aussi émouvoir, argumenter mais aussi incarner. Il y a de multiples alliances qui se nouent, des relations filiales, des transferts d'affection, de l'aventure par procuration.

Tout cela demande une bonne connaissance du tissu industriel français, du fonctionnement des PME-PMI, mais aussi, pourquoi pas, des besoins du CAC 40. Il faut encore posséder les codes d'accès à tous ces décideurs, suivre la trace des poissons-pilotes dans les hautes sphères ou trouver le bon biais décontracté et le bon moment décravaté pour approcher les patrons ou les directeurs de la communication. J'inonde la France de dossiers. Je me renseigne auprès de ma sœur Alice qui, à l'époque, travaille à la communication de la banque HSBC et surtout sort du CELSA, une école de communication. Je cible les boîtes d'ingénieurs qui pourraient avoir des besoins de recrutement et qui verraient l'intérêt de faire d'un diplômé de l'INSA un de leurs fers de lance. Pour survivre, je fais traîner ma scolarité à l'INSA, afin de garder la sécurité sociale étudiante et de profiter d'une queue de comète de taxe d'apprentissage, afin d'équiper les bateaux sur lesquels je navigue.

Des oursins dans les poches

Quand on est aux abois, on ne choisit pas avec qui faire équipe. Quand on est en demande, on ne fait pas le difficile. On est en juin 2007. Je n'ai toujours pas de sponsor pour la Solitaire du Figaro. Mais j'ai trouvé de petits moyens pour disputer une épreuve en Méditerranée qui s'intitule la Cap Istanbul et qui se dispute en double sur des Figaros.

Le parcours nous mène de Marseille en Sardaigne, puis en Sicile, en Grèce, puis en Turquie, à Izmir avant l'arrivée à Istanbul. Les organisateurs militent pour l'entrée de la Turquie dans l'Europe et c'est pour faire avancer cette idée qu'ils ont imaginé ce trajet. Je fais alliance avec un marin talentueux et intuitif qui fait les choses au feeling. L'ennui, c'est qu'il a des difficultés avec l'argent. Il a des oursins dans les poches. Il fait toujours les choses avec rien, refuse de dépenser, bricole quand il faut bâtir, se débrouille au moins cher quand il pourrait investir. Nous aurions eu un énorme budget, il aurait fonctionné de la même façon. À l'arrache. Dans sa logique, tout tient avec du grey-tape, le scotch double face des marins. Ce n'est pas un problème de bouts de ficelle, c'est une folie humaine, trop humaine. Il n'a jamais un outil en état de marche. Il passe son temps à emprunter une perceuse à celui-ci, une mèche à celui-là, une vis au troisième. Il arrive néanmoins à faire des merveilles et jusqu'à présent le mât de son bateau tient toujours debout.

Sur l'eau, tout se passe bien. Je fais la navigation. Il fait avancer le bateau au plus vite. Ensuite, on se partage les tâches, même s'il reste le skipper en titre. Nous terminons deuxièmes, devant les cadors du circuit. Ce qui me ravit et me conforte dans ma conviction que je peux réussir dans ce métier. Cela nous vaut aussi une prime de course de 20 000 euros. J'ai les yeux qui brillent. Je me dis qu'avec 10 000 euros, j'ai de quoi tenir une saison de plus. Ne croyez pas que, par osmose, je sois devenu aussi pingre. Mais je tire le diable par la queue depuis un moment. Par nécessité, je me suis converti à un ascétisme serre-ceinture afin de ne pas être obligé de changer de voie trop vite.

Mon skipper aimerait bien demander le tout en liquide à la banque locale pour des raisons fiscales. Je ne saurai alors comment rapatrier cet argent en France. Je me fais des films à la *Midnight Express*. Je me vois déjà alpagué à la douane, dépouillé de mes liasses de billets trop volumineuses et expédié dans des culs-de-basse-fosse moyenâgeux avec tous les dealers du Bosphore…

Je repense aujourd'hui à ces craintes imaginaires avec le sourire et je garde un merveilleux souvenir de cette course orientale pleine d'aventures.

Routage

Le pot au noir approche. Cette zone de calmes et de brusques bouffées orageuses qui se situe au-dessus de l'équateur est un piège permanent. C'est comme si j'étais à bord avec Kito de Pavant et Sébastien Col qui disputent la Transat Jacques-Vabre 2007, course en double entre Le Havre et Salvador de Bahia. Je navigue avec eux, je lis le vent avant eux, je dors encore moins qu'eux. Le routage est une passion qui va de pair avec mon bonheur de naviguer. Je suis presque aussi heureux à terre derrière un écran que sur l'eau. Notez quand même que j'ai dit « presque ».

Le routeur récupère les fichiers météo, les croise avec les polaires de vitesse du bateau, envisage des stratégies et des points de passage obligés. Il fait tourner ses modèles et fournit une préconisation aux marins qui en font… ce qu'ils veulent.

J'aime la météo. C'est un domaine des sciences qui me correspond bien, où les équations thermodynamiques viennent rejoindre la poésie d'un nuage qui grandit. J'aime regarder le ciel, observer les nuées et essayer d'imaginer le vent qui va venir. Jouer au devin et prédire l'avenir. Souvent on se trompe. Parfois on a raison… J'aime peut-être encore plus la stratégie et la tactique. Il ne s'agit plus de prédire le vent qu'on va rencontrer mais d'imaginer quelle sera la route la plus rapide et la plus sûre pour arriver à bon port. Certains aiment la roulette russe. Très peu pour moi : je préfère le grand jeu de la régate océanique.

Comment cela fonctionne-t-il ? On dispose de prédictions, plus ou moins fiables, qui permettent d'imaginer quel devrait être le vent à tel endroit et à telle heure. Évidemment, ces prévisions vont rapidement diverger au fil des jours qui passent. Il faut tout d'abord élaborer une stratégie à long terme. C'est le plus délicat, puisque les échéances sont les plus incertaines, mais c'est décisif. Inutile d'affiner une route pour les prochaines heures si on ne sait pas où on veut aller au final ! Cette problématique est presque universelle. Regardons le monde de l'entreprise. La difficulté pour une direction générale est d'établir une stratégie de développement sur le long cours alors qu'elle ne sait pas comment évolueront l'économie, le marché, les concurrents, à cette échéance. Il faut ensuite revenir sur du plus court terme et affiner la tactique des prochains mois ou des prochaines semaines… sans jamais oublier la suite ! Que ce soit pour le monde de l'entreprise ou sur un bateau, c'est un subtil mélange entre, d'un côté l'analyse rationnelle et cartésienne de faits tangibles, et, de l'autre, la force extraordinaire de l'instinct, du feeling et de la sensation. L'un nourrit l'autre, et vice versa. Il faut jongler de l'un à l'autre.

Sur cette Jacques-Vabre, depuis mon bureau à terre, je me régale et j'apprends beaucoup. À bord de *Groupe Bel*, ils sont deux. Pour le routage, c'est idem. Je fais équipe avec Hervé. Il a beaucoup navigué dans les années 1980 et a une très bonne connaissance de la météo générale. Il fait beaucoup de planeur et travaille en tant qu'expert météo pour l'équipe de France de vol à voile. Il ne vit pas au bord de la mer, mais le long de la Durance. Il analyse la situation météorologique et je suis plus dans la stratégie et la tactique. Le pot au noir est compliqué à aborder. Un coup de Trafalgar se prépare. *Groupe Bel* s'enfonce dans un secteur sans vent. Comme cela arrive parfois sur l'eau, c'est notre duo terrien qui est agité de turbulences. Nous ne sommes pas toujours d'accord sur la situation. Hervé veut faire du sud. Je pense qu'il faut se recaler dans l'ouest pour échapper au piège. Nous perdons trop de temps à discuter et je n'arrive pas à avoir le dernier mot. Il a quarante-cinq ans, j'en ai vingt-quatre. La catastrophe se précise. La nasse se referme. C'est foutu. J'évite d'en rajouter. Il est trop tard. La décision prise, il est inutile d'y revenir. Passons à autre chose.

9

Duel de jeunes

Une très mauvaise journée

On est fin mars 2008. C'est le moment le plus important de ma jeune vie. Et je me retrouve consigné sur le bateau spectateur, regardant impuissant s'éloigner mes chances d'obtenir un bateau rien qu'à moi pour la Solitaire du Figaro.

Depuis quelques années, une formule de promotion a été instaurée sur le circuit Figaro. Un sponsor d'envergure met en place un processus de sélection, une sorte de « Star-Ac » de la mer. Le Crédit Agricole a ouvert la voie. La région Bretagne prend la suite. Il faut avoir moins de vingt-cinq ans et savoir suffisamment naviguer pour qu'on puisse vous confier sans risques la barre d'un bateau de 10 mètres. La présélection se fait sur dossier. Quinze prétendants sont retenus. Un stage d'une semaine se déroule à Port-la-Forêt. On multiplie les régates en équipage, les tests physiques, les entretiens de motivation. Nous sommes évalués par un jury auquel participent de grands marins comme Michel Desjoyeaux, Roland Jourdain ou Franck Cammas. Ensuite, les cinq meilleurs entament l'épreuve de vérité qui, cette fois, se déroule en conditions réelles, en solo sur les Figaro pendant une semaine de régate. Il n'y a pas forcément cinq bateaux disponibles. Donc on s'affronte tour à tour. Je fais de mon mieux. On est au coude à coude avec deux autres concurrents. Je viens d'accomplir mon dernier parcours. Maintenant il ne me reste qu'à croiser les doigts pour que mes adversaires passent à travers et se classent au plus mal dans la dernière régate à laquelle je ne participe pas.

J'aurai vingt-cinq ans dans quelques jours. Je ne pourrai pas me représenter l'an prochain. C'est la dernière occasion d'obtenir enfin cette chance de prouver ma valeur. Je finis ex-aequo en points avec Adrien Hardy, mais c'est lui qui l'emporte car il a gagné plus de manches. La compétition était serrée. Le sport est parfois dur. Je peine à encaisser le choc. Je suis cramponné à un hauban sur le bateau spectateur qui a baissé ses voiles et roule bord sur bord. Je regarde mes bottes et je me sens au plus mal. Je sors mon portable et je compose le numéro d'Élodie. J'ai besoin d'un peu de réconfort. On est ensemble depuis sept ans. Elle a commencé à enseigner en région parisienne. Puis elle s'est fait nommer à Nice. On s'est pacsés pour faire jouer le rapprochement des conjoints. Moi, je suis à fond dans mes histoires de bateaux, mais elle est la première avec qui je veux partager ma déception. Et là, elle m'annonce que nos itinéraires divergent excessivement, que nos envies ne sont plus les mêmes, qu'on vit trop loin l'un de l'autre… Qu'entre nous, c'est fini.

Le coup de bambou est double. Sale, très sale journée.

Je passe le week-end suivant sur l'eau. Fabien Delahaye, qui lui aussi a accompli les épreuves de sélection, m'invite à participer à une régate en Open 7.50, un petit bateau rapide et sympa. J'essaie de digérer ma double déception en repartant naviguer. Après tout, c'est là que je me sens le mieux. Je continue sur ma lancée, sans vraiment savoir ce que demain me réserve, restant dans l'action pour ne pas avoir à y penser. Le lundi, je bricole en tête de mât d'un Figaro. Le téléphone sonne. C'est pour moi. On me redescend doucement. Christian Le Pape, le responsable du pôle d'entraînement de Port-la-Forêt qui pilotait les sélections, veut me voir immédiatement. Je me précipite vers le pôle. Incertain de ce qui se passe, conscient que la donne peut évoluer mais ne m'autorisant pas encore à y croire. Mon échec m'a fait tomber à la renverse. J'essaie de le digérer sans y parvenir. Je vois mal par quel miracle, par quel coup de chance les choses pourraient s'inverser. Christian me fait asseoir et me demande : « Est ce que tu acceptes d'être le skipper de Région Bretagne ? » Oui ! Trois fois oui !! Je tombe des nues…

Le week-end a été compliqué : Adrien Hardy avait déjà un sponsor. Il aurait bien agrégé les deux projets, additionné les apports. Il a mal présenté son affaire. Il s'est braqué et s'est engueulé vertement avec l'équipe du pôle. Souverain, le jury a décidé de passer le témoin au deuxième. Et le deuxième, c'est moi. Je peine à réaliser. Quel incroyable retournement de situation ! Me voilà triste célibataire, mais je suis le plus heureux des marins.

J'ai un bateau à moi, rien qu'à moi. J'ai un métier, un vrai métier, un salaire fixe (1 620 euros mensuels) et je vais préparer la Solitaire du Figaro dans de bonnes conditions. Je me concentre sur ça, rien que sur ça. De toute façon, peu importe. Je suis enfin seul maître à bord. Je ne dois compter que sur moi. Je serai responsable et coupable de tout. Enfin !

Une première saison riche

Bien sûr, cette histoire fait des petits. Le match Hardy-Gabart est lancé. Le petit monde des journalistes adore ce genre de duel, même si pour Adrien et moi, ce n'en est pas vraiment un. Je découvre la course au large en solitaire. La vraie. Les étapes du Figaro 2008 nous mènent de La Rochelle à Vigo, de Vigo à Cherbourg, et de Cherbourg à l'Aber-Wrac'h en passant par l'île de Man. Cette première va me combler. Les siestes seront courtes mais les émotions fortes. Je m'en sors plutôt bien pour un novice en arrivant à accrocher régulièrement le top ten. Mon manque d'expérience me vaut quelques frayeurs au milieu des cailloux de Molène dans un fort courant. Peu importe, le résultat est là : je remporte le classement bizuths et je me fais remarquer.

Les Figaro vont ensuite effectuer leur transhumance routière vers le soleil méditerranéen. Direction Nice pour le départ de la Cap Istanbul. Souvent, cette dernière épreuve respire le bonheur de vivre dans la douceur des saisons qui se prolongent, dans la chaleur des ports chargés d'histoire, dans la beauté des panoramas qui exaltent les sens. Mais parfois, la Grande Bleue se fâche et le risque réclame son dû, sans rime ni raison, à un moment imprévu. Et l'on ne comprend pas bien comment la situation a pu dégénérer si vite et les conséquences frôler la tragédie. Au départ de la deuxième étape, en Sardaigne, les marins sont en short et chemisette et tentent de s'arracher au farniente sarde dans la touffeur d'une fin d'après-midi. Sur les reliefs, on voit monter de gros nuages aussi noirs que l'encre de seiche. Le vent se lève, sucré et dévastateur, qui emporte les Figaro dans une valse rapide. L'orage pousse aux fesses et les navigateurs se voient décoiffés par les rafales tièdes qui les propulsent vers la Sicile. En petite tenue, ils se cramponnent à la barre quand les spis se gonflent par à-coups secs et sévères. Ils n'ont pas un instant pour aller se saisir d'un ciré ou d'un gilet de sauvetage. La flotte s'égaille en arc de cercle, vol de moineaux qui se laissent disperser par les errements des bouffées sombres qui, par séquences, ternissent l'outremer. La VHF se met à crachoter. On reçoit mal mais on finit par comprendre qu'un marin est passé par-dessus bord. La course est interrompue et il est demandé à tous les Figaro de faire route vers le lieu du drame. Le bateau vide, couché sur la tranche, a été repéré par un des concurrents qui a donné l'alerte. Il faut faire vite. On est en Méditerranée en fin d'été, l'eau est à 28 °C et l'espérance de vie est plus forte qu'en Bretagne où les températures sont dix degrés plus basses. Mais Christophe Bouvet ne devait pas être plus chaudement vêtu que nous. Et il est peut-être inconscient, sonné par un coup de bôme, giflé par une écoute de spi. Je suis très loin de l'action et le retour au moteur est lent et laisse le temps de cogiter. La chute à la mer est la calamité du solitaire. Ils sont quelques-uns à être passés par là. Pas forcément quand le vent trompette, que l'attention est maximale et la prise de précautions radicale. Cela survient aussi parfois par tout petit temps quand la vigilance se relâche. On va satisfaire un besoin naturel, on se penche un peu trop pour voir si des algues ne sont pas restées prises dans le safran, on se suspend à un filin qui a été mal assuré. Et hop, à l'eau, terminé.

La course en flotte permet parfois des sauvetages inespérés. Certains comme Alain Gautier font du stop aquatique et embarquent dans le bateau de leurs poursuivants. Florence Arthaud, qui naviguait en croisière, a réussi à téléphoner à sa… mère, qui a déclenché les secours. Mais d'autres n'ont pas été retrouvés. Et c'est surtout à eux qu'on pense quand on tente de rallier le lieu indiqué. Encore trop loin pour servir à quoi que ce soit, impuissant à aider, délesté de l'adrénaline de la compétition, on a toute latitude pour ruminer. Je porte un gilet et je m'attache plus souvent que mes devanciers. Eux invoquaient la liberté et la responsabilité du marin et affichaient un refus des contraintes doublé d'un fatalisme rigolard. Tabarly était de cette trempe. Mais il y a aussi beaucoup de moments où je n'ai pas le temps de penser à moi, où les événements bousculent tout et obligent à une réactivité immédiate, où je m'occupe d'abord de remettre le bateau dans le droit chemin plutôt que de veiller à une sécurité toujours incertaine et qui pourrait être encore plus compromise si je négligeais d'apporter les premiers secours au navire.

C'est après la tombée de la nuit, quand je finis enfin par rallier la flottille qui fait des ronds dans l'eau autour du lieu de la chute, que la VHF fait retentir un « Je l'ai », doublé de hourras de soulagement. Paul Meilhat est passé à quelques mètres de Christophe. Celui-ci hurlait à son attention et il a fini par l'entendre. Sa baignade aura duré plus de deux heures, en caleçon, avec des méduses agressives… Plus de peur que de mal. Mais on est tous sous le choc. C'est une bonne leçon pour nous, un bon rappel à l'ordre.

Moment délicat

Pendant ce temps d'attente, m'est revenu le souvenir d'une difficulté difficilement surmontée. Ce n'est pas forcément au large du cap Horn ou en passant le raz Blanchard, sur des voiliers d'envergure ou à bord d'engins pharaoniques, que les problèmes à résoudre sont toujours les plus délicats. Ce jour-là, on est en rade de Marseille. Je navigue en Tornado, avec Romain. On a forcé le tempo pour venir de Lyon et réussir à naviguer quelques heures. Passer d'un monde à l'autre, de celui des études en bord de Rhône à celui de l'entraînement salé, est toujours satisfaisant. On a l'impression d'avoir le don d'ubiquité, de pouvoir faire tout et son contraire.

On est en fin d'après-midi d'hiver et on est les seuls sur l'eau. Les autres sont déjà rentrés ou sont restés à bricoler. Aucun bateau de sécurité ne nous accompagne. Et puis, le Tornado va si vite qu'il est difficile de suivre la cadence. Le vent d'est est fort et le ciel fait grise mine. Le plafond est bas et les calanques baignent dans les nuages. Les rafales montent à 30 nœuds sans prévenir. Ce sont les conditions les plus délicates, où il faut réguler la puissance en permanence et où l'incertitude vous secoue les puces comme si vous étiez un vulgaire prunier. Lors d'un virement de bord, j'oublie de saisir le crochet de trapèze et je passe à l'eau. Romain se retrouve tout seul. Il ralentit pour retrouver l'équilibre. Mais le bateau continue à aller de l'avant. Romain essaie désespérément de virer de bord pour revenir vers moi. Mais dans ces conditions musclées, sans le contrepoids de l'équipier, le catamaran est presque impossible à manœuvrer en solo. Il s'escrime tant qu'il peut, trop occupé au virement pour avoir le temps de me fixer en permanence. Il doit commencer à me perdre de vue. Moi aussi, je le vois s'éloigner et je m'inquiète. Le vent pousse au large. Je sais que je suis peu repérable. Je suis gros comme une tête d'épingle à la surface d'une mer blanchie comme une crème Chantilly nappant une gaufre… Au bout de quelques minutes, Romain décide d'empanner, de virer vent arrière. Il réussit la manœuvre *in extremis* et peut remettre le cap sur moi. Mais, s'il avait dessalé, s'il s'était retourné lui aussi, je ne sais trop comment on aurait fait. Seul, il n'aurait jamais réussi à redresser le catamaran. Il aurait pu rester cramponné aux coques et au trampoline. Mais moi, je n'aurais jamais réussi à le rejoindre à la nage. Et le temps qu'à terre on donne l'alerte, la nuit serait tombée… Conclusion : ne jamais partir seul, même pour une petite séance d'entraînement près des plages…

Le Grand Bleu *et autres films*

Pendant cette même Cap Istanbul 2008, on fait escale en Sardaigne, en Sicile, en Crète… On passe ensuite devant Amorgos, l'île où débute l'histoire du *Grand Bleu*.

J'ai beau détester descendre en apnée vers les abysses inconnus, j'ai beaucoup aimé le film de Luc Besson. Et je suis ravi de découvrir les falaises dorées et les eaux magnifiques où a été tournée cette histoire de rivalité et d'amitié. Cela doit être générationnel, mais je me sens très en résonance avec les films de Cédric Klapisch. J'adore la trilogie *L'Auberge espagnole*, *Les Poupées russes*, *Casse-tête chinois*. À mon grand regret, je n'ai pas fait d'année Erasmus, à Barcelone ou ailleurs. La compétition sportive était trop exigeante pour que je puisse partir une année entière. Mais nos vadrouilles européennes en camion ressemblaient parfois à cette ambiance internationale, métissée et fraternelle… Peut-être, compétition oblige, en un peu moins bohème… J'aime ces films de Klapisch, qui évoque avec bonheur et émotion la vie étudiante, le mariage ou la garde d'enfants au sein des couples séparés, qui vivent dans des pays différents, un problème qui me concerne directement désormais.

Finalement, le cinéma français me plaît. J'ai apprécié *Le Cœur des hommes* de Marc Esposito. J'ai ri et pleuré en regardant *Effroyables Jardins* de Jean Becker avec André Dussollier et Jacques Villeret. Je ne peux oublier le film italien de Roberto Benigni *La vie est belle* qui marie avec brio humour, amour et tragédie. De l'autre côté de la Manche, en Angleterre, je suis intéressé par le style du réalisateur Guy Ritchie, qui a sorti récemment *Agents très spéciaux : Code U.N.C.L.E* ou plus tôt *RocknRolla* et *Arnaques, crimes et botanique*… Je suis moins attiré par les films américains. Bien sûr, il y a quelques perles mais, la plupart du temps, je suis déçu. Leurs séries m'impressionnent plus. J'en ai dévoré quelques-unes en streaming quand j'étais à l'INSA mais, depuis, j'ai réduit de beaucoup cette consommation addictive et chronophage.

Première année sérieuse

2008 est une bonne année raisonnable et sérieuse. J'ai enfin un bateau à moi, avec un sponsor consistant et un port d'attache qui est aussi un lieu d'entraînement et de socialisation. Il est important d'être à l'endroit où les choses se passent, où les informations s'échangent, où les essais de matériel s'improvisent. Il est de plus en plus difficile de faire cavalier seul au bout du monde, dans un village isolé où ne parvient jamais la rumeur du monde. La voile en solitaire est une activité beaucoup plus collective qu'on ne le croit. Il faut des partenaires auxquels se mesurer, des compétences techniques pour la préparation du bateau, des interlocuteurs qui font part de leurs expériences, de leurs idées, de leurs analyses. Ce n'est pas parce qu'on part seul qu'on progresse en indépendant.

2008 est aussi une bonne année, question résultats. Je finis premier bizuth, premier débutant, lors du Figaro. Et surtout, troisième au classement général de la Cap Istanbul. Ce qui est une performance de bien plus haut niveau, même si le Figaro reste la référence suprême, l'épreuve étalon. Cela me vaut la reconnaissance d'une corporation qui a l'œil aiguisé et la dent dure, l'appréciation féroce et la critique rapide. Il faut prouver et endurer, maintenir et insister, répéter et résister. Pour la première fois, j'ai droit à des vacances comme tout salarié. Je prends quelques jours de break à la montagne.

Je passe un bon moment dans les Alpes. Je découvre avec enthousiasme un domaine qui me ravit et m'exalte. Il y a un réel cousinage entre mer et montagne, marins et alpinistes. Il faut une même endurance dans l'effort, une même résistance devant l'agression météo, un même souci de préparation et une même capacité d'engagement. Après, je dirais que les grimpeurs sont plus exposés que les marins, qui peuvent se terrer dans leur cabine quand la situation devient trop extrême.

10

Grandir en force et en vitesse

Le désir des autres

Il y a un charmant « tournez manège » qui se déclenche quand il s'agit de former les duos pour les transats en double. Les skippers qui disposent d'une embarcation de haut niveau, monocoque de 18 mètres ou trimaran du même tonneau, lancent des hameçons pour ferrer le « conjoint » qui sera du meilleur rapport. Il y a plusieurs profils d'invités.

Il y a d'abord les caïds en manque d'armateur. Ils sont en panne de sponsor, ont un bateau en construction, végètent en mercenaires de haut vol. Ils sont sur le présentoir, têtes de gondole attirantes sur lesquelles se focalisent les projecteurs mais qui peuvent tout aussi bien voler la vedette au capitaine en titre. Souvent, les paires se font d'évidence selon les amitiés anciennes et contre les inimitiés éternelles.

Il y a aussi des couples de raison. On embarque sur celui qui vous a vendu le bateau ou celui qui en possède le mode d'emploi pour avoir déjà barré le sistership. Ou il y a des contrats de consultant qu'il faut honorer jusqu'au bout des vagues. Après avoir suivi la construction au chantier, on peaufine les réglages sur l'eau en soutien du donneur d'ordres et du payeur de factures.

Il y a parfois de belles histoires, comme celle du choix de l'équipier méritant ou du technicien qui en a longtemps rêvé. Le mariage tient de la mésalliance côté dot mais du renvoi d'ascenseur côté cœur. Cela donne des duos dissociés où l'un a le background et l'autre a l'appétit des bons soldats longtemps tenus à l'écart de la table du festin.

Enfin, il arrive parfois que les installés fassent leur marché dans la petite classe des débutants prometteurs.

Je veux absolument embarquer pour la Transat Jacques-Vabre 2009, transat en double qui part du Havre et rallie un pays producteur de café des Amériques. C'est le bon moment. Je suis en formation accélérée. Je ne suis pas encore un rival ou un danger. Du savoir et de la constance, contre de l'enthousiasme et des connaissances météo. Je me rapproche de Kito de Pavant… Ma candidature l'intéresse mais je ne suis pas le seul sur la short-list… J'en parle à Christian Le Pape pour voir comment on peut arriver à mener le projet Figaro Espoir Région Bretagne en parallèle d'une préparation pour la Transat Jacques-Vabre. Je le sens un peu gêné. Il me fait comprendre que certains « grands marins » de Port-la-Forêt pourraient vouloir m'embarquer. Au fil de la discussion, je comprends que je dois contacter Michel Desjoyeaux ! Ce dernier est en plein Vendée Globe. Il vient d'ailleurs de passer en tête et écrase littéralement la concurrence avec un retour tonitruant. Je suis gêné de lui envoyer un mail en pleine course et fier de pouvoir me rapprocher encore un peu plus du leader incontestable de l'épreuve qui me fait tant rêver.

Étonnant d'envoyer une lettre de candidature à un marin qui surfe les mers du Sud à l'autre bout du monde. Michel me répond presque immédiatement, comme s'il était au bureau, un message qui me touche d'autant plus qu'il provient du bateau qui suscite à ce moment tant de fascination. La fin de son message est « clair, net et précis » comme le slogan de son sponsor Foncia qu'il représente à merveille : « J'ai suivi ce que tu fais et j'admire ton parcours. C'est bien. Ton profil m'intéresse. On pourrait peut-être faire la Jacques-Vabre ensemble ? »

Je suis sous le choc et je ne boude pas mon plaisir. Je suis flatté que Michel Desjoyeaux me fasse de tels compliments et me propose de faire équipe. Mais cela veut dire oui ? Ou peut-être ? Pas facile de le relancer en lui disant que j'ai besoin d'une réponse rapide car d'autres personnes sont intéressées… Quelques semaines passent. Le projet de Kito avance. Michel est bien occupé. Il est dans le doute et ne sait pas comment va se dérouler son après-Vendée. Je ne cache rien à l'un et à l'autre de cette rivalité qui m'honore. Soucieux de ne pas rester sur le quai pour avoir trop attendu ou été trop gourmand, je me fixe comme règle d'embarquer avec celui qui, le premier, me fera une offre ferme. Ils sont tous les deux conscients de la donne. C'est Kito qui est le plus avancé quand le vainqueur du Vendée en est encore à solder les retombées de son magnifique triomphe. Va pour Kito ! Je naviguerai avec le vainqueur du Vendée un autre jour. Effectivement, ça se fera bientôt.

Kito est un sudiste décontracté et sympathique. J'apprécie le marin comme l'homme avec un grand « H », généreux et altruiste. C'est aussi parfois un têtu dont l'opiniâtreté lui permet d'avancer et de soulever des montagnes. Il sort d'un Vendée très perturbant, où il s'est pris le mât sur la tête dès le premier jour de course à bord de son bateau *Vache qui rit*, marque forte de son sponsor, le groupe Bel. Naturellement débonnaire, son équipe se remet difficilement de ce traumatisme.

Face à cette dramatisation des choses qui peut entraîner une prudence exagérée, je suis beaucoup plus objectif. En tout cas, plus rationnel. Je me réfère aux calculs de résistance et aux coefficients de sécurité classiques. Je n'ai encore jamais démâté, je ne vais pas me compliquer la vie. Les rôles se répartissent simplement. Kito s'occupe de faire avancer un bateau qu'il connaît parfaitement. Il se soucie de la performance, des réglages et des choix de voile. Comme souvent, je me concentre sur la navigation, la météo et la stratégie. Une dépression nous attend au large des Açores. C'est écrit, elle est bien là. Il s'agit de savoir si on l'aborde par le nord ou par le sud. Je m'inquiète plus de l'état de la mer, toujours très casse-bateau, que de la force du vent, qu'on peut toujours étaler en réduisant la toile. Nous sommes dans le trio de tête. On a pris trois ris dans la grand-voile et on a le tourmentin devant, un mouchoir de poche qui ne sort que les jours de tempête. L'homme de quart s'accroche au lustre. Il ne sert à rien de barrer. Le bateau se couche dans les rafales et reprend ensuite vaillamment sa route.

Kito est mal à l'aise. Et c'est bien compréhensible, quelques mois après son douloureux abandon sur le Vendée. La nuit est longue. On se fait brasser. La mer n'est pas trop violente mais suffisante pour nous cogner encore et encore aux portes d'un paradis qui s'éloigne toujours plus. Il y a de l'eau au fond du bateau. La soute à voiles se remplit. On est à quatre pattes, à essayer de comprendre ce qui se passe, à tâtonner pour essayer d'identifier l'endroit de la fuite. On n'arrive pas à savoir d'où vient le problème. Au cas où, on se soucie de mettre la main sur la valise de survie. On s'inquiète d'enfiler les combinaisons étanches. On est dans l'action. Et c'est bien sûr à ce moment-là que le téléphone sonne et qu'on apprend que *BT*, un de nos concurrents, a déclenché sa balise de détresse. On fait savoir au PC course qu'on ne peut pas y aller et qu'il est possible que, nous aussi, on ait bientôt besoin de l'hélicoptère...

Enfin, la tête presque dans l'eau, on identifie la fuite. Un tuyau s'est arraché d'un évent de ballast qui fuit à gros bouillons. Je fiche une pinoche dans le trou béant et on peut enfin pomper le trop-plein. Hélitreuillé, l'équipage de *BT* est sain et sauf. Ouf ! On aurait bien été incapables d'aller les secourir. Notre situation est aussi sous contrôle. Le vent va bientôt mollir. Notre bateau sort presque indemne de cette tempête. La pression retombe. La route de l'alizé s'ouvre devant nous.

Chasseur de tempêtes

Cela fait sans doute fanfaron et ramenard d'avouer ça. Mais j'éprouve une certaine fascination pour les coups de vent. Les excès de la nature m'attirent. Le danger m'exalte. Chez moi, la peur va de pair avec l'excitation. Je crois que j'ai en moi cette envie d'aller défier l'impossible que connaissent tous les aventuriers et qui se matérialise réellement quand la mer se solidifie et que le vent passe les bornes. Dans la tempête, je suis comme le volcanologue qui réalise que la lave brûlante lui lèche la plante des pieds, comme le skieur de l'extrême qui sent le souffle des avalanches lui chatouiller la nuque, comme le spationaute qui sort pour réparer sa capsule dans l'immensité cosmique et qui ne peut s'empêcher de siffloter tel un plombier qui répare ses tuyaux au clair de lune.

Je suis l'un de ces tout petits bouts d'hommes hauts comme trois pommes et qui, pourtant, s'extirpent de la marmelade de leurs angoisses pour monter au cocotier de leur bravade. Je ne suis pas un chasseur de tempêtes. Mon but n'est pas de me retrouver dans un siphon ascendant ou un maelström aspirant qui détruiraient tout ce que j'ai bâti. Je suis trop structuré et trop équilibré pour aller mettre de la mort au cœur des choses que j'aime tant vivre. Surtout, je suis trop cartésien et trop compétiteur pour aller chercher la dépression ruineuse et les houles vicieuses quand les prévisions météo et la vitesse de nos engins permettent désormais de les contourner. Mais il y a des passages difficiles obligés. Il y a des obstacles qu'on ne peut éviter. En voile, il n'y a pas de simulateur de vol. On ne peut pas recréer artificiellement, comme dans l'aéronautique ou le spatial, des situations de stress et d'agressivité comme celles que génèrent les coups durs en mer. Les ingrédients sont trop divers, trop variés pour que le cocktail soit facile à élaborer.

Et les enjeux financiers ne sont pas assez importants en comparaison de la difficulté de concevoir des machines à remonter le mauvais temps. En mer, ce n'est qu'en situation qu'on arrive à se jauger. On n'a pas le choix. Il faut faire face et se confronter à soi-même.

J'ai la chance d'arriver à garder un certain sang-froid dans des circonstances extrêmes. Quand ça commence à brasser sévère et que la pression monte, c'est là que je suis le meilleur. Je suis plutôt du genre à me hausser au niveau du problème qu'à perdre tous mes moyens. C'est un avantage, un don, une facilité qui ne se commandent pas. Et je suis bien conscient que tout cela est réversible, que l'on peut subir des traumatismes qui changent la donne. Ou arriver à une phase de fatigue, après trop d'expériences lourdes et délicates. Comme si, à un moment donné, votre capital de résistance aux chocs était épuisé.

Pour l'instant, ça va. J'en suis au début de mes pérégrinations. Je ne me suis pas encore retrouvé à califourchon sur l'un des trimarans volages de la fin du XXe siècle comme beaucoup des marins plus anciens qui sont toujours en activité mais qui doivent garder ça dans un coin de leur tête.

Esprit grimpeur

Le mauvais temps passé, juste après les Açores, il faut monter au mât pour une réparation d'après-tempête. Ce qui pourrait passer pour une corvée risquée est plutôt un plaisir pour mon esprit grimpeur. Je reviens un peu en enfance. J'aime beaucoup ces moments entre ciel et mer. C'est l'aube. Je suis à vingt-cinq mètres au-dessus de l'eau et tandis que je vérifie et que je revisse, j'en profite pour contempler la splendeur du lever de soleil et pour détailler les possibles qui s'étendent à perte de vue, juste en dessous de moi. Être là-haut, en bonne forme, heureux de ce qui m'arrive, après avoir surmonté une épreuve délicate, est un instant de bonheur parfait. Je suis toujours perché au sommet du mât en carbone, avec le bateau qui se dandine sous moi et qui accélère parfois. Il est temps de redescendre. Il faut arrêter de philosopher depuis les hauteurs. Je range mes outils dans les poches à soufflets de mon harnais. Je fais signe à Kito qu'il peut laisser filer la drisse pour me ramener sur le plancher des veaux marins. Et j'abandonne à regret mon poste de vigie ouvrière qui tentait d'ouvrir l'œil sur la suite de l'histoire.

11

Tournez manège, tournez ménage

Villageois à la Forêt

L'année 2009 est dans le rétroviseur. C'est un moment de consolidation, de construction. Je suis passé au travers de l'épreuve reine, le Figaro, mais je finis sur le podium de ma première transat sur ce même Figaro et du championnat de France qui couvre l'ensemble de la saison. Et ma deuxième place pour ma première transat en duo, la Jacques-Vabre 2009, sur les grands monocoques qui participent au Vendée Globe, met une note sucrée sur le final.

Surtout, la continuité est assurée. Le contrat avec la région Bretagne s'achève. C'est la règle. Après deux ans, il faut passer la main à la génération suivante. J'enchaîne avec une autre formule de promotion en remportant la sélection Skipper Macif. Pour 2010, ma stratégie est simple : tout pour le Figaro. J'en discute avec les responsables de la Macif. J'ai l'impression d'avoir navigué sur trop de supports en 2009. J'ai progressé mais je me suis dispersé. Je préfère me dispenser de la transat en double qui revient au printemps et peut diluer la motivation, multiplier les distractions. Je vais continuer à me concentrer sur le solo et à faire mes gammes au large de Port-la-Forêt. Je renaviguerai sur d'autres supports après la saison Figaro, l'hiver prochain.

J'ai trouvé mes marques dans ce port du Finistère. Ce port de plaisance n'a pas un demi-siècle et a su se réformer et évoluer afin d'accueillir les plus beaux bateaux de course français, monocoques du Vendée Globe ou multicoques géants. À Port-la-Forêt, les régatiers sont nombreux, les techniciens ont leurs ateliers et l'endroit vit toute l'année. Beaucoup, comme moi, se sont installés aux alentours, contents de cette vie paisible qui repose des déplacements permanents, satisfaits de cet environnement naturel qui convient à l'éducation des enfants. Et si le manque d'animation guette ou que la vie de village fatigue, Concarneau est tout près et Quimper n'est pas loin.

L'hiver, à Portlaf, on voit les bateaux naître et grandir sous les hangars. À La Hune, le bistrot du port, on déjeune d'un plat du jour, au coude à coude avec les skippers du pôle d'entraînement, les préparateurs et les ouvriers. À la belle saison, les mises à l'eau s'accélèrent et l'agitation gagne les pontons. Je réside tout près, à La Forêt-Fouesnant. En longeant la ria, qu'on choisisse la promenade côté terrain de golf ou qu'on franchisse la passerelle en passant devant la cale du vieux port, on est à quinze minutes à pied du port. En 2009, je loge avec d'autres marins dans une maison de location à volets bleus, le long de la rue principale. C'est au sommet de la côte, juste après l'église.

Préparer l'hiver suivant

Si je suis assidu en Figaro cet hiver, je ne veux pas en rester là pour l'hiver suivant. Il faut anticiper. La Barcelona World Race part le Jour de l'an 2011. La Barcelona est une sorte de répétition générale pour le Vendée Globe. Cela se dispute autour du monde, en double. La date du départ se situe toujours à mi-chemin entre deux Vendée Globe qui, eux, ont lieu tous les quatre ans. Pour obtenir un embarquement quand on est seulement le deuxième larron, il faut se lever tôt. Aux aguets, réactif, je ne suis pas du genre à attendre qu'on me supplie d'enjamber les filières. Je n'ai pas peur de poser ma candidature, quitte à ce qu'on me rie au nez.

Pendant l'hiver, je fais signe à Jean-Pierre Dick. Il vient de mettre à l'eau un nouveau 18 mètres. Il hésite. Il peut parier sur un tout bon, blanchi sous le harnais, comme Loïck Peyron qui connaît ce genre de bateau sur le bout des doigts et le prendra sous son aile. Il peut aussi choisir un petit jeune. Celui-ci sera un appoint secourable mais n'ayant pas suivi la construction, ni pratiqué auparavant ce genre d'unité, il sera incapable de remonter le circuit hydraulique ou de détecter une fuite dans le système de vidange des ballasts. Il laissera Dick en charge de l'essentiel, c'est-à-dire du bricolage, qui est un impératif catégorique quand on veut gagner le Vendée. C'est une façon de se mettre au défi, avec solution de secours à proximité. Je suis ravi d'être sur la short-list avec Loïck. Qui, au final, fera affaire.

J'apprends que Michel Desjoyeaux construit un bateau pour la Barcelona, sur des plans de Marc Van Peteghem et Vincent Lauriot-Prévost, le duo que l'on réunit sous l'acronyme VPLP, et de Guillaume Verdier. Je suis dans le train entre Quimper et Paris. Je lui envoie un texto dans les cinq minutes. Il me répond : « Bien noté ta candidature. On en reparle. » Cette offre de service m'ouvre la porte du chantier CDK où se construit le nouveau *Foncia* et que dirige Hubert, le frère aîné de Michel. Cela n'est pas innocent. D'ordinaire, les portes sont fermées à la concurrence. Cela vaut adoubement par la tribu Desjoyeaux. Au printemps, Mich m'annonce qu'il m'embarque. Je suis aux anges.

12

Saison charnière

Au pied de la falaise

On est en rade de Brest, au cœur du rendez-vous le plus important de mon année 2010. Je me suis promis de réussir mon Figaro. J'ai terminé sur le podium lors des deux premières étapes. Je suis dans l'allure, je suis dans le match. Le départ a libéré les troupes. Je suis en tête de la flotte qui s'engouffre maintenant dans le « goulet » de Brest. Ce passage obligé pour s'extirper de la rade n'est pas simple, avec le fort courant de face. Le vent est guilleret, gentil, gémissant. Il faut du doigté et du balancé pour remonter à contre-courant ce fleuve inversé qui vous fait reculer entre les falaises si vous vous écartez trop de la berge. C'est un exercice qui passionne les marins. Il s'agit de raser les cailloux, de parer les dangers isolés, de slalomer entre les concurrents qui eux aussi cherchent à jouer aux plus malins et à flirter avec les limites terrestres. Je suis l'ouvreur, position dangereuse, quand la quille vient flirter à quelques centimètres des rochers submergés. Je me régale à tenter de prévoir les mouvements des pièces sur l'échiquier nautique. Je tente d'anticiper sur la force du flot selon la profondeur des fonds. Je me réjouis de l'avance que j'arrive à creuser petit à petit sur le reste de mes camarades…

Bang !

Le bateau monte sur un rocher négligé. Il talonne plus qu'il ne percute. Je me retrouve perché sur du granit. Je m'empresse d'affaler toutes les voiles. La situation est délicate. On peut même dire désespérée. Si je demande assistance ou si je lance le moteur, je suis hors course et c'en est fini de mes espoirs. Si j'abîme ma coque en essayant de m'en tirer tout seul, je peux causer une voie d'eau et voir couler mon bateau sous moi. En tout cas, mon avenir de marin peut se jouer là, en face du phare du Petit Minou.

Je finis par descendre sur la berge et pousser l'avant du Figaro pour le remettre dans le bon sens. Je réussis à me sortir de ce dédale minéral, de ce traquenard goémonier. Je rehisse les voiles. Je relance la machine. Dès que c'est reparti, je fais une tournée d'inspection. Rien de vital n'a été abîmé. Un peu de résine à la prochaine étape fera l'affaire. Je vais terminer ce Figaro à une excellente deuxième place, derrière un certain Armel Le Cléac'h. Et ce bon résultat me permettra d'avancer plus vite que prévu. Loin des falaises brestoises.

Avant de commencer la course au large, j'avais quelques doutes. Venant de la voile olympique, où l'on est sous la couette chaque soir et où on s'écroule sans demander son reste, je m'interrogeais : « Mais comment font-ils pour tenir sans dormir ? » Mes interrogations portaient principalement sur la course du Figaro, où les étapes sont intenses, la bagarre au coude à coude et où l'escale est assez proche pour que l'on puisse se doper et se priver de sommeil sans trop se mettre en danger. J'étais moins perplexe concernant les transats ou les tours du monde en solo. On ne fait pas son lit et personne ne vient vous border, mais on y dort régulièrement. Même si c'est par bribes et si on ne part pas pour une cure de sommeil.

Aujourd'hui, je peux juste affirmer qu'il est possible de faire deuxième au Figaro, de gagner le Vendée Globe et la route du Rhum sans rien prendre d'interdit ! Je ne fais part que de mon expérience et je ne témoigne que de ma pratique. Mais, à vivre au cœur de cette communauté de « voileux », à fréquenter des gens que je vois résoudre les mêmes problèmes que moi par les mêmes approches, j'ai la profonde conviction que la voile est un milieu parfaitement propre. Il n'y a quasiment pas de contrôles positifs, ou alors cela relève de pratiques dites récréatives.

À ce propos, sur le cannabis, j'ai un avis très simple : c'est sur la liste des produits interdits. Point. Si ça aide certains à évacuer le stress avant un départ, il est normal que ce soit interdit. J'ai dû tirer quelques taffes sur un pétard au lycée, sans que cela me fasse grand-chose.

Aujourd'hui, je ne fume pas. Le tabac ne m'intéresse pas. Le cannabis guère plus. Et je me demande toujours pourquoi il paraît si difficile de dire stop quand on commence à être accroché.

Mais revenons au dopage. Je pense donc que, pour l'instant, la voile est épargnée. Espérons que l'avenir ne me démentira pas.

Je vois trois raisons à cet état de fait.

La course en solitaire est un sport très physique qui en fait ne l'est pas tant que ça. Ou plutôt, en mer, le physique n'est pas décisif. Bien sûr, il faut payer de sa personne, tourner les manivelles, s'acharner sur les winchs. Mais cela n'a jamais suffi à faire un marin accompli. Il n'y a pas de profil physiologique du solitaire idéal. Le sprinteur a des cuisses explosives. La sauteuse en hauteur a des allures de liane. Le lanceur de marteau a le biscoteau en gigot. Mais le solitaire peut être tout et son contraire.

Il peut être costaud comme un menhir comme Gildas Morvan ou grand, genre asperge, comme Jean-Pierre Dick. Il peut être de gabarit plus standard comme Michel Desjoyeaux. Il peut être une femme de gabarit rikiki comme Ellen MacArthur ou Florence Arthaud.

Si je devais établir une typologie, je ferais juste remarquer que beaucoup d'entre nous sont souvent petits, râblés, bien constitués mais sans excès culturistes. À l'appui de cette démonstration, je convoquerais Franck Cammas, Alain Gautier, Loïck Peyron et aussi Éric Tabarly, même si ce dernier avait des épaules très puissantes. Peut-être allez-vous me rétorquer que tout cela n'est qu'un plaidoyer *pro domo*, vu que je mesure 1,71 mètre pour 67 kilos. J'ajoute que je ne cherche pas à faire de la musculation de façon excessive. Car, ensuite, cette masse acquise, il faut la nourrir et la reposer. Et, en mer, la nourriture ça pèse et le repos ça prend du temps.

Trêve de plaisanteries, un solitaire doit conjuguer tant de qualités diverses, mentales, techniques, stratégiques, qu'il est difficile de le sélectionner sur les longueurs de ses segments ou sur sa fréquence cardiaque.

Le deuxième argument est financier. Le yachting fut longtemps un divertissement de gens fortunés qui employaient du personnel pour manœuvrer leurs bateaux. En France, la voile moderne est désormais une activité d'indépendants qui passent beaucoup de temps à chercher des investisseurs. Quand ils y parviennent, les revenus n'ont rien à voir avec ceux des footballeurs, des tennismen ou des cyclistes. Ceux-ci ont des espoirs de gain qui dépassent de beaucoup les sympathiques rétributions des marins les plus gâtés.

Pour ces derniers, non seulement le dopage n'est pas un avantage évident, mais il ne leur permettrait pas vraiment de faire sauter la banque. Autant s'en dispenser.

Enfin, la voile est un monde où la culture du dopage n'existe pas. C'est un sport récent. Tout a commencé dans les années 1960. Lors du premier tour du monde en solitaire, le Golden Globe, les marins étaient de tous âges et de toutes origines, et pas particulièrement athlétiques. Leur objectif était de mettre au point un bateau suffisamment solide pour les ramener au point de départ. Ils passaient plus de temps à bricoler leur monture qu'à s'occuper d'améliorer la santé du cavalier. Celui-ci n'avait pas vraiment le temps de lustrer ses bottes ou d'assouplir sa cravache. Pimenter sa ration de picotin personnel pour être plus performant était le dernier de ses soucis.

Les marins étaient tellement contents d'avoir trouvé un bateau pour les emmener sur l'eau qu'ils se fichaient bien d'embarquer exténués après avoir bricolé jusqu'à la dernière minute. Cet amateurisme allait perdurer pendant des années. Et il n'est pas sûr qu'il soit encore passé de mode. Aujourd'hui, il y a des écuries de course, avec des équipes de préparateurs et un staff de maintenance. Mais cela ne vaut que pour les mieux dotés. Et les variations économiques font souvent régresser la professionnalisation du secteur.

Malgré tout cela, je pense qu'il faut que nous tous, les marins, les fédérations, les organisateurs, soyons très vigilants pour tenir loin de nous ce terrible fléau qui a déjà gangréné de nombreux sports. Restons aux aguets et continuons à développer les valeurs qui protègent la course au large d'aujourd'hui et surtout de demain. Le dopage est le fléau du sport. Il faut se battre pour l'éradiquer.

Mon dodo

Sur la route, quand je suis passager, je somnole facilement. Et quand je conduis, je me surprends à lutter pour ne pas sombrer dans les bras de Morphée et devoir m'arrêter à la prochaine aire de repos. En mer, et surtout en compétition, l'adrénaline me maintient en éveil. Cela m'a toujours surpris, mais je dois constater que son effet est radical. Ce qui ne veut pas dire que je n'ai pas besoin de ces micro-siestes d'une vingtaine de minutes

Tout voyage en bateau implique des escales. Quand elles sont portugaises, la tradition veut qu'on laisse une signature sur la digue des ports. *Peskavel* (poisson volant, le nom du bateau familial) va ainsi marquer notre passage…

Réveil dans le cockpit avec mes deux sœurs (Cécile et Alice) dans la douceur des alizés.

Aux commandes de mon embarcation favorite pour explorer les environs de *Peskavel*, en arrière-plan.

Il y a les activités de plein air, les joies de la navigation, il y a aussi les devoirs scolaires (CNED)…

Le premier Optimist tout en bois fabriqué « maison » au nom de baptême qui dit tout : *Ptimerapid.*

Première compétition nationale et première victoire en Optimist. L'esprit de compétition est déjà là.

En Tornado avec Romain David pour une préparation olympique (2000-2005).

Au loin la Mosquée bleue, devant l'étrave : un premier succès d'importance en Figaro en 2010.

Victoire d'étape, victoire au classement général, victoire au championnat de France de course au large : ça s'arrose !

C'est parce qu'ils sont rares que les instants de rêverie en mer n'ont pas de prix.

Il faut apprivoiser sa machine, faire corps avec elle, ne négliger aucun détail.

À l'intérieur de l'Imoca *Macif* : la table à cartes a bien changé depuis la venue de l'électronique embarquée.

Retour au port après
78 j, 2 h, 16', 40" :
le record du Vendée
Globe est battu.

Michel Desjoyeaux,
lui-même vainqueur
du Vendée, m'a aidé
et inspiré : il est l'un
des premiers à me féliciter.

Ils sont tous là
pour m'applaudir
et m'interroger :
l'exercice est agréable
mais aussi intimidant.

J'ai toujours aimé la nature, j'espère qu'Hugo appréciera aussi cet environnement, en Norvège ou ailleurs.

Le métier de marin a changé, les bateaux aussi qui, aujourd'hui, ressemblent de plus en plus à des avions (Moth à foils).

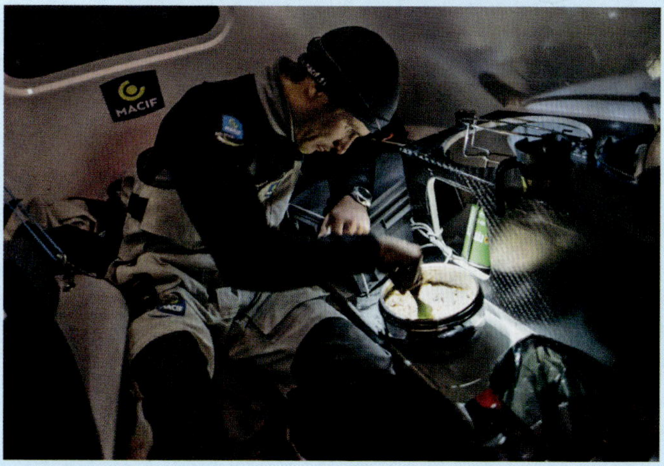

J'apprécie toujours un bon repas, à terre comme en mer.

Mon nouveau royaume : un tri de 30 mètres capable de porter 650 m² de voilure.

Première victoire en solitaire sur le trimaran. De bon augure pour les années qui viennent. 2017 : The Bridge, 2018 : Route du Rhum, 2019 : Tour du monde en solitaire sans assistance en course…

qui remettent d'aplomb. Il s'agit d'éviter de pénétrer dans la zone rouge où l'épuisement vous entraîne vers des rives inconnues et dangereuses, entre hallucinations psychédéliques et noir complet du sommeil profond.

À terre, je ne suis pas un gros dormeur. Étudiant, je me contentais de cinq, six heures par nuit. Désormais, comme je suis souvent entre deux courses et donc en récupération, j'y ajoute quelques minutes... mais six ou sept heures sont un grand maximum. Sur le Figaro, pendant des étapes de trois ou quatre jours, je dors moins de deux heures par vingt-quatre heures. Sur le Rhum, pendant une dizaine de jours, je tourne entre deux et quatre heures. Et sur le Vendée, pendant près de trois mois, cela roule entre quatre et six heures. Presque comme à la maison...

L'étonnant, c'est que ma période d'endormissement est quasiment identique. Figaro, Rhum ou Vendée, je réussis à me programmer pour fermer les yeux en quelques secondes. Et après dix-huit minutes, j'ouvre toujours un œil. Ce tempo est d'une précision étonnante.

Souvent, dans ces phases calmes, je suis allongé sur mon pouf à l'intérieur de la cabine ou en ciré dans le cabanon toilé du cockpit. J'ai toujours la commande du pilote dans une main, et, souvent, l'une des écoutes de réglage des voiles dans l'autre main. Partout où je m'allonge, j'ai dans mon champ de vision les répétiteurs qui me donnent la vitesse et le cap du bateau, la force et la direction du vent. Quand j'émerge, je me concentre quelques instants pour bien identifier ces informations et si je constate que tout va bien, je peux replonger dans la ouate de l'absence.

Cependant, même si mon sommeil est d'une précision métronomique, une alarme est reliée à l'électronique du bateau. Tous les paramètres de performance du bateau sont surveillés pendant mon sommeil. Si le vent tourne, se renforce ou mollit, si la vitesse du bateau chute, ça sonne. Quand il me faut barrer après ce genre de réveil brutal, je suis capable de débrancher mon cerveau. Pendant quelques minutes, je passe sans le savoir dans une sorte d'autohypnose et je réussis à mettre 80 pour cent de mes fonctions off. Il en reste 20 pour cent, bien suffisantes pour être efficace tout en me laissant l'opportunité de rêvasser et de me reposer.

Après un Figaro, il me faut quelques semaines pour récupérer. À la suite d'un Rhum, il faut compter quelques mois. Pour le Vendée, il m'a fallu presque un an, sans doute aussi parce que les sollicitations se sont enchaînées et que je n'ai pas eu un week-end tranquille avant un long moment…

Depuis 2008, je travaille avec des chercheurs sur mes cycles de sommeil. Je me fixe parfois des capteurs un peu partout pendant certains entraînements. Nous avons beaucoup appris, mais nous n'en sommes encore qu'aux balbutiements de la connaissance du cerveau et de son potentiel. La médecine a de grands progrès à faire dans ces domaines trop négligés.

Sinon, en mer, je m'évite les excitants. Surtout le café. À terre, je suis un gros buveur de thé et j'apprécie un petit café à la fin du repas de midi. En mer, je me dispense de l'un et de l'autre. Au-delà des conséquences sur le sommeil, le problème c'est que ça bouge trop et qu'on est sûr de se brûler les lèvres ! Après l'arrivée du Vendée Globe, l'un de mes bonheurs fut de poser ma tasse fumante d'Earl Grey sur la table du petit déjeuner et de constater qu'elle ne bougeait pas et que la surface de mon thé fumant restait étale.

Marmara

Il y a des lieux qui séduisent et qui exaltent. Il y a des endroits qui font les souvenirs joyeux et les retours agréables. Je ne sais pourquoi, mais j'aime la Cap Istanbul. C'est la fin de saison. Les dés roulent déjà depuis longtemps sur le tapis vert et ne vont pas tarder à donner le décompte final des succès et des échecs. Il fait encore doux. Il y a l'approche vers la Turquie, l'escale à Izmir, la mer de Marmara, l'arrivée sur le Bosphore… Après les Dardanelles, les cargos et les pétroliers déboulent, les pêcheurs pullulent. Mais la lumière est étonnante et le soleil dore joliment les côtes hospitalières. Et puis cette impression stimulante d'être au cœur d'un bassin où s'entrechoquent les civilisations, où se séparent et se rapprochent des continents. Et tout cela dans des contrées dépaysantes, où l'accueil est onctueux même si les différences sont flagrantes.

En cette année 2010, mon bulletin de notes est excellent. Mais il me manque un de ces 20 sur 20 que représente une victoire d'étape. Je suis un habitué des podiums, mais il n'est de véritable allégresse qu'au moment de lever les bras, quand on passe en vainqueur la ligne d'arrivée. J'y parviens enfin sur l'étape qui nous mène d'Athènes à Izmir. C'est mon premier succès en solitaire en Figaro et cela déclenche une émotion intense qui me transporte. Il ne faut pourtant pas se déconcentrer. La course n'est pas finie, la saison non plus. L'étape suivante ne me réussit pas et je rencontre de nombreuses galères techniques. Je perds la tête du général bêtement et compte maintenant beaucoup de retard en temps sur le leader. Il faudrait réaliser un exploit en mer de Marmara pour reprendre la tête, mais pourquoi pas ? Si j'ai réussi à tout perdre sur une étape, pourquoi n'arriverais-je pas à tout regagner sur la suivante ? L'approche d'Istanbul me réussit. Je navigue à merveille, tout me sourit. La réussite est avec moi. J'arrive en grand vainqueur dans le Bosphore. J'empoche la victoire d'étape, la victoire au classement général de l'épreuve et la victoire au championnat de France de course au large. Tiercé gagnant !

13

Avancer toujours

Ne surtout pas ralentir

Comme à la fin de chaque année, je fais le bilan. J'ai progressé. Je suis à l'aise dans l'exercice du solitaire. Je sais faire aller vite le petit monocoque utilisé. Il me reste une marche à gravir et tout le monde s'attend à ce que j'insiste, à ce que je me cramponne pour remporter la Solitaire du Figaro. Autant je suis content de ce qui a été accompli, autant je ne veux pas m'engluer dans la répétition. Je ne veux pas devenir un fonctionnaire du Figaro. Je ne veux pas m'arrêter au milieu du gué. Alors je pousse mes pions, au risque de passer pour un ambitieux pressé qui refuse d'avancer lentement, posément.

Au début, on n'ose pas trop demander la lune. On sait bien où l'on veut aller mais on manque de confiance en soi. On se dit que l'Everest ne se grimpe pas d'un claquement de doigts, qu'il faut une progression raisonnable. On est jeune dans une société de vieux toujours en grande forme qui ne sont pas prêts à lâcher le morceau.

Alors, on ne rêve pas plus long que la nuit. On reste sur la réserve. On se souvient des recommandations prudentes et proverbiales : ne pas mettre la charrue avant les bœufs, patience et longueur de temps, tout ça.

Je songe à participer à la prochaine édition du Vendée Globe, celle de 2012. Pourquoi attendre ? Cela me semble possible, réaliste, sérieux. Il ne sert à rien de traîner en route. Et je commence à tester amis, équipiers, protecteurs, conseillers et partenaires.

J'interroge Michel Desjoyeaux. Il me répond : « Tu es trop jeune, tu n'as pas le cuir assez épais. » J'en parle à Christian Le Pape. Lui aussi me dit : « Gagne ton Figaro d'abord. » J'en passe et des meilleures. Bref, *a priori*, ce n'est pas encore le bon moment… J'écoute leurs réponses, j'y repense, j'hésite. Ils doivent savoir ce dont ils parlent. Ils ont sans doute raison. D'un autre côté, je me fais l'impression d'être un ado à qui on dit : « Passe ton bac d'abord. »

J'ai vingt-sept ans, je suis adulte. Autant je tiens compte des avis que je sollicite, autant je décide par moi-même. Je sais surtout que je ne veux pas ressembler à tous ceux qui s'encroûtent dans leur petit confort, à tous ceux qui s'arrêtent à mi-chemin de leurs ambitions, à tous ceux qui croupissent dans l'ennui et le regret. Je lance à Mich : « Je vais essayer d'y aller quand même. » Il me répond : « OK. Si t'y vas, tu peux compter sur moi. »

Macif attaque

La Macif est une mutuelle d'envergure. C'est aussi le premier assureur de bateaux de plaisance en nombre de contrats. Elle compte 10 millions de sociétaires et 70 000 contrats de plaisance. Elle a développé des centres d'apprentissage de voile pour ses adhérents. La société propose une formation de chef de bord aux propriétaires de bateau qui manquent de pratique, hésitent à franchir le cap et restent trop souvent au port. Ces écoles de voile un peu particulières font un chiffre d'affaires de 3 millions d'euros.

Jean-Bernard Le Boucher est directeur des achats. Mais ce proche de Gérard Andreck, le président, est aussi le « M. Voile » de la Macif. En plus de ses fonctions professionnelles, il est en charge des centres de formation comme de la filière de détection qui sélectionne les skippers Macif pour le Figaro. Jean-Bernard est mon interlocuteur privilégié. Il aime la mer et navigue en régate ou croisière du côté de l'île de Ré. Lui aussi s'enthousiasme pour la course au large, espère voir Macif développer ses activités maritimes et s'engagerait volontiers sur le Vendée.

Avant de reprendre mon bâton de pèlerin et de partir frapper aux portes d'autres sponsors, je me convaincs que je ne perdrai rien à en parler aux dirigeants de la Macif. Tout se passe bien entre nous, pourquoi ne pas voir plus grand ensemble ?

Après la Cap Istanbul 2010, alors qu'on fait le point sur la saison écoulée et qu'on se félicite que tout se soit passé au mieux, je pousse mon avantage. Je parle de ce tour du monde que je veux faire. Je leur dis : « Pourquoi pas avec la Macif ? Je suis issu de la filière que vous avez mise en place. Pourquoi ne pas continuer ? Vous avez envie d'aller plus loin dans la voile ? Notre association serait la plus légitime qui soit. » Je leur détaille mon idée. Il s'agit de se saisir du bateau que Michel Desjoyeaux vient de concevoir avec VLPL-Verdier, qu'il a construit chez CDK et qu'il met actuellement au point.

Il m'a choisi pour l'accompagner sur la Barcelona. Ce tour du monde va me permettre de découvrir le bateau avec le meilleur formateur qui soit. Foncia nous le cédera ensuite pour aller faire du trimaran. En résumé, il faudrait récupérer un monocoque IMOCA conçu par le double vainqueur du Vendée, metteur au point hors pair, tout prêt à me prendre sous son aile, sur l'eau comme à terre. Avantages de cette démarche : a) un budget minoré par rapport aux bateaux neufs ; b) un bateau fiabilisé par une circumnavigation ; c) Mich Desj et son écurie « Mer agitée » comme structure d'accueil et de développement.

Jean-Bernard fait remonter mes propositions. Les arguments sont d'autant plus convaincants qu'une attente vague flotte dans l'air. Macif est intéressée par un sponsoring voile d'envergure sans bien savoir comment y aller, comment faire.

Décision

On est le 29 octobre. Je suis à Saint-Malo où j'aide Michel à préparer sa Route du Rhum. Je suis à côté de lui quand il reçoit un coup de téléphone. Son monocoque *Foncia* est vendu à Banque populaire. Une partie de mon argumentaire pour mon projet Vendée avec la Macif tombe à l'eau. Je ne suis encore que le jeune figariste, nouvel équipier de Mich, mais je suis déjà en bagarre avec Armel Le Cléac'h. C'est à qui aura l'Imoca le plus intelligent, le mieux éprouvé, le plus performant. Je viens de perdre la première manche. Je n'avais pas encore les mains libres financièrement pour jouer mon jeu. Ni une, ni deux, deux minutes après, Mich me lance : « On est capables de reconstruire un nouveau bateau, pour la Macif... et au pire mon ancien bateau du Vendée 2008 est toujours dispo... » Mich me rassure. Il y a donc deux solutions à proposer : soit la Macif reprend le bateau avec lequel il a gagné l'édition 2008, soit CDK, le chantier d'Hubert, son frère, construit le sistership du tout dernier *Foncia*. Les moules existent, les processus sont éprouvés. En choisissant de fabriquer un bateau jumeau, les délais seront tenus et les coûts baissés.

On est le 30 octobre. Après une nuit courte à revoir les budgets et affiner les dossiers, me voilà dans le train pour Paris. Je vais présenter mon projet à la direction de la Macif. Je suis conscient de l'enjeu énorme des heures qui vont venir. Il faudra être bon.

Le Vendée Globe peut se gagner ici, loin de la mer et des risées. Nous sommes au huitième étage du siège parisien de la société, rue Étienne-Pernet dans le 15e arrondissement. Gérard Andreck, le président, connaît la mer et aime la voile. Il a déjà soutenu Thierry Dubois, sous forme de mécénat lors d'un précédent Vendée. C'était un apport mineur, mais cela lui avait déjà permis de voir de quoi il retournait. Il connaît la magie du Vendée Globe et le potentiel énorme de cette aventure pour fédérer les salariés du groupe en interne. À ses côtés, Roger Iseli, le directeur général, scrute avec attention le business plan... Ils sont convaincus de la pertinence du projet. Ils sont également certains qu'il vaut mieux construire un nouveau bateau. L'investissement est plus important mais il sera plus facile de le revendre d'occasion à la fin du projet et ils peuvent ainsi partir sur une page blanche.

Tous deux me détaillent leur vision des choses. La Macif fournira un budget de 2,5 millions d'euros par an sur quatre ans. Cela couvrira les frais techniques mais aussi la communication autour du projet. Ce sera iso-budget pour la communication du groupe. Ils réduiront leur achat d'espace en publicité télévision pour compenser cet investissement voile. Ils soumettront le projet à leur comité exécutif dans les jours qui viennent. On est dans un système démocratique.

Dans l'ascenseur, Jean-Bernard a un sourire jusqu'aux oreilles. Je suis plus réservé. Je n'arrive pas à y croire. Je m'inquiète de savoir si le comité exécutif va suivre ses dirigeants et valider le projet. Dix jours après, le feu vert est donné.

Utilité sociale

Cela me plaît de monter un projet, de réfléchir à un concept ou à une idée, de la décliner techniquement, sportivement, mais aussi financièrement. Cela m'intéresse de me confronter à l'économie réelle, d'essayer de comprendre comment réfléchit un chef d'entreprise, de phosphorer pour marier mes espoirs maritimes aux besoins en communication interne ou externe d'une marque, d'une enseigne, d'une société.

J'ai des copains que ça ennuie. Ils se dispenseraient bien de cette longue et difficile croisière dans le triangle des Bermudes du monde des affaires. Ils vivent cela comme une entrave à leur liberté, comme un devoir sur table avant la grande récré océanique. Je comprends ce que cette course d'obstacles peut générer de frustrations, de déceptions, de remises en question personnelles. Quand ce n'est pas de remise en cause d'un choix de vie.

Il est toujours plus facile de trouver intéressante la recherche de budgets quand on en a trouvé un. Et pas le moindre, et pas pour un temps trop limité. Malgré tout, je dois dire qu'il est stimulant intellectuellement et motivant socialement de rencontrer des patrons, des P-DG, des directeurs de la communication, et d'essayer de leur faire partager une folie douce sans oublier de leur garantir un bon retour sur investissement, de leur raconter une histoire extraordinaire qui puisse mobiliser leurs actionnaires, leurs salariés et leurs clients.

C'est une de mes fiertés que de voir un sponsor heureux. Je me sentirais mal de vendre un projet non rentable et de pigeonner un investisseur. Bien sûr, le risque existe. C'est même le piment du cocktail. Bien sûr, le naufrage menace, qu'il soit sportif, technique ou même parfois maritime. Mais si tout le monde avance en connaissance de cause, il n'y a pas d'abus de confiance. On embarque tous à bord du même bateau, avec répartition des rôles et responsabilité partagée. Vouloir être coureur au large, vouloir tourner autour du monde à la voile peut sembler une démarche égoïste, une occupation très personnelle, une préoccupation quasi autiste. Je me suis aperçu que ce qui pouvait être vu comme un individualisme sans concession apportait aussi beaucoup de bonheur aux autres. J'avais peur de n'être qu'un indépendant centré sur son nombril, un petit exploitant accroché à sa liberté d'aller et venir, un hédoniste vivant en marge du réel. Je me suis rendu compte que le marin avait une utilité sociale, un peu à la manière d'un artiste. Qu'on était là pour faire entrer le souffle du grand dehors dans des vies encagées que leurs routines fatiguaient et qui aspiraient à autre chose. J'ai compris que la futilité des sillages que je traçais n'était pas si inutile que cela. Cette écume blanche laissée sur les pages bleues racontait des histoires qui intéressaient, qui changeaient les têtes et les cœurs. À défaut de changer le monde… Cela m'a réjoui et… rassuré.

Sous-marin

Si l'accord de la Macif me parvient début novembre, l'annonce officielle se fera le 4 décembre, lors du Salon nautique. Entre-temps, il faut que je me démultiplie pour faire avancer les choses mais sans le crier sur les toits. L'exultation d'avoir décroché ce budget se double vite d'une frénésie d'activité. Le tout se complique du fait que je dois garder secret ce bonheur qui me donne une énergie incroyable et me fait voir la vie en rose. J'actionne mes hélices, je turbine en tous sens mais je le fais en sous-marin, sondant en baleine dès que la conversation se porte sur l'avancée de mes espoirs. Je continue à faire comme si de rien n'était et je tiens mes engagements sans manifester de félicité exagérée. Je suis encore le jeune équipier de Michel Desjoyeaux, mais je suis aussi déjà le skipper d'un futur Imoca à armer pour le Vendée.

Embaucher

Il est agréable de recruter. Il est gratifiant de choisir des gens et de leur donner des perspectives excitantes.

Le monde de la voile s'est professionnalisé. Pour des projets de cette envergure, on ne fait plus appel à des bénévoles pleins de bonne volonté qu'on rémunère à la bonne franquette, quand l'argent tombe et qui, de toute façon, sont heureux de vivre la bohème entre chantier et marina, entre matelotage et convoyages. Il faut des compétences, du sérieux, de la valeur ajoutée.

N'empêche. J'ai vingt-sept ans et j'ai quand même envie de m'entourer d'une génération avec qui je me sens en phase, de gens que j'aime bien, que j'ai pu croiser sur les pontons et à qui j'ai envie de donner leur chance. Mon idée n'est pas d'embaucher des mercenaires qui se vendent au plus offrant.

Paul-Édouard Henry, surnommé « Pauled », a une boîte de marketing sportif. Il fait dans la communication et la gestion de projets. Comme il ne veut pas mettre la clé sous la porte de sa boîte parisienne, il va s'engager à trois quarts temps. Il sort de l'ESSEC et a le profil d'un directeur opérationnel. Il connaît le monde de la voile. Dans ce domaine, il sait y faire. Mais il est très atypique dans ce milieu breton parfois rude et taiseux. C'est lui qui va lancer l'histoire tandis que je serai sur la Barcelona. Il va prendre en charge la partie gestion, administration et relations humaines.

Denis Juhel sera son alter ego technique. Denis est l'homme de confiance de Mich. Il est le patron de Mer Forte, le bureau d'études de Mer Agitée, la structure de Desjoyeaux. Il n'en est pas à sa première construction de bateau de course et il a l'habitude de travailler avec le chantier CDK. Sébastien Gladu sera le *boat captain*, le responsable du bateau dès que celui-ci sera mis à l'eau. Antoine Gautier, architecte naval de formation, fera office de relais avec le cabinet VPLP-Verdier. Il chapeautera toute la partie technique. Clément Rivé s'occupera de la partie informatique et électronique.

Viendront ensuite, en renfort, Erwan Le Meilleur pour l'accastillage et l'hydraulique et Jimmy Le Baut, qui m'accompagnait la saison passée en Figaro, en préparateur général.

Voilà la base de mon équipe, qui s'intègre à la structure globale de Mer Agitée. Nous allons travailler en imbrication permanente avec le reste des équipes qui œuvrent depuis des années aux côtés de Michel. Nous aurons nos bureaux et nos ateliers sous leur hangar de Port-la-Forêt. Nous aurons recours à la comptabilité ou au secrétariat de Mer Agitée. Nous pourrons nous appuyer sur une structure qui dispose d'une expertise exceptionnelle sur le Vendée Globe. Ce qui, pour débuter dans la partie, est idéal.

Hubert

C'est le chantier CDK, celui d'Hubert Desjoyeaux, qui construit *Macif*. L'aîné de Michel est au cœur de la fabrication des plus beaux engins de course au large. Il a vécu les débuts difficiles du secteur. Il a connu les débrouillardises amusées, les prouesses d'inventivité, les embrouilles pas très claires de skippers qui avançaient à l'aveugle sans forcément avoir les moyens de leurs ambitions. Hubert a toujours fait en sorte que des navires de talent, des bateaux originaux sortent de ses ateliers, quitte à y laisser ses nuits et son crédit bancaire. Petit à petit, il a participé à la professionnalisation du secteur.

Aujourd'hui, CDK est l'un des deux ou trois chantiers de référence. Je suis heureux et fier que *Macif* soit construit chez lui.

Avant le départ de la Barcelona, je participe à une réunion avec Hubert et l'équipe technique. Ça va vite, ça avance façon cow-boy. Les questions percutent, les réponses claquent. Ce sera la seule réunion que je ferai avec lui. Ce jour-là, Hubert n'arrête pas d'éternuer. Trois jours après le départ de la Barcelona, Michel apprend qu'Hubert a un cancer. Est-ce dû à ces années folles où l'on s'activait dans les chantiers sans trop s'occuper des règles de sécurité, en inhalant les produits toxiques de l'époque, en faisant de la stratification sans les masques nécessaires ? Je ne sais pas. Hubert décède en mai. *Macif* est encore en chantier, mais les grandes lignes de sa fabrication ont été définies par le virtuose de la construction composite. *Macif* sera son dernier bateau. Cela me touche beaucoup.

14

Bateau et maison

Richesse d'une vie mélangée

L'année 2011 débute on ne peut mieux. Mes copains marseillais sont venus saluer mon départ de Barcelone. Cette course en double autour du monde sans escale part toujours le 31 décembre, et cela donne un feu d'artifice assez déroutant d'effervescence affective et de concentration méthodique. Avec Michel, les tâches sont bien définies. Il s'occupe de faire aller vite un bateau qu'il connaît par cœur pour en avoir imaginé les moindres détails. Comme souvent, je suis en charge de la stratégie météo. En ce domaine, Mich est aussi expert que moi mais il me laisse toute latitude, toute liberté. Je suis à bord, totalement impliqué mais j'ai aussi en tête mon bateau à venir, qui s'élabore à Port-la-Forêt. Même si elle paraît schizophrénique, ma situation est idéale. C'est comme si j'étais sur une maquette à l'échelle un. Je navigue sur le frère de mon bateau à naître. Et, à bord, celui qui me dévoile les secrets de l'aîné est celui qui a imaginé l'engin. Que demander de mieux ? Il m'est facile de tester la hauteur et l'emplacement des winchs quand je tourne les manivelles ou l'épaisseur de la casquette de protection qu'on rabat quand les embruns cinglent le cockpit.

La course, qui compte treize partants, tourne vite au duel avec *Virbac-Paprec*, mené par Jean-Pierre Dick et Loïck Peyron. J'ai failli seconder Jean-Pierre ? Je suis son adversaire, et c'est tout aussi satisfaisant. Le *mano a mano* est assez viril. Ils vont un peu plus vite que nous. On force notre nature, on surtoile le bateau. Avant Gibraltar, on cogne contre un objet flottant non identifié. C'est la plaie de la course au large que ces chocs imprévisibles, incontrôlables, avec des épaves de petite taille, indétectables au radar. L'étrave possède une crash-box, une sorte de faux nez prévu pour protéger les œuvres vives du bateau de ce type de mésaventure. L'ennui, c'est qu'il est impossible d'affronter les grandes houles des mers du Sud avec ce genre de handicap.

Le règlement de la Barcelona permet de faire escale. Ce qui est impossible lors du Vendée. On choisit de faire un arrêt à Recife, la ville du Nordeste brésilien. Nos concurrents directs ont également des soucis et nous suivent dans cet arrêt au stand. L'équipe de maintenance est sur zone, tout juste tombée de l'avion. Le postiche de rechange est déjà prêt, les outils sont sortis des caisses. Ne reste qu'à réussir la greffe. Les marins en attente sont, bien sûr, exonérés de tout bricolage. Ils tombent un peu de la lune. Il leur faut récupérer du temps de sommeil, sans pour autant sortir complètement du match.

Comme souvent, dans les ports d'escale, il y a un Français expatrié qui vous prend sous son aile, vous évite les formalités de douane ou de passeport. Il aime la voile, il connaît tout le monde et il s'échine à vous simplifier la vie. Et c'est comme ça que, avec Mich, on se retrouve dans un appartement en haut d'une tour moderne, à rincer nos cirés dans une piscine qui paraît comme suspendue au-dessus de la baie de Recife.

Après six heures d'un lourd sommeil, la sonnette retentit. On va ouvrir. Et sur qui on tombe ? Sur Jean-Pierre Dick et Loïck Peyron, qui eux aussi ont été repérés par l'homme providentiel qui leur a également offert le gîte, le couvert et la piscine. Pas de jaloux !

Ce qui est fascinant dans cette vie aventureuse, c'est qu'on passe sans sas de décompression d'un univers violent où la nature s'affronte à mains nues au monde du confort moderne où tout est fait pour satisfaire nos moindres désirs. On était sur l'océan, à cravacher l'écume, salés comme des harengs, à devoir se contenter d'un seau en guise de toilettes. Et nous voilà bichonnés comme des princes, avec draps soyeux, frigo plein et télévision grand format. Et dans quelques heures, nous serons à nouveau en mer, travailleurs de l'océan, soutiers des dépressions, soudeurs d'isobares, avec les albatros comme seuls spectateurs. Idem pour les rencontres. À bord, on est en tête-à-tête avec un autre nous-même. On se croise en silence pour les prises de quart. On manœuvre classiquement sans élever la voix. On ne parle que de l'essentiel avec quelqu'un qui pense comme nous et qu'on comprend à demi-mot. Et puis, tout à coup, nous voilà à Recife. Il faut essayer de dialoguer avec le maître de port, avec le commandant du remorqueur, avec le grutier brésilien. Il faut répondre aux sollicitations d'inconnus qu'on ne reverra jamais et se laisser kidnapper par un dynamique expatrié ravi de retrouver des Français et de pouvoir parler sa langue natale.

Ces variations permanentes font de nous des privilégiés qui ne perdent pas la notion des choses. On est des clochards océaniques, puis on accède à des endroits somptueux et extrêmement civilisés. On bosse au coude à coude avec des ouvriers des chantiers navals, salissant le même bleu de travail et puis on croise des patrons du CAC 40. On loge dans un hôtel Formule 1 et, le lendemain, on est dans un quatre étoiles, selon l'état des caisses ou la bienveillance du sponsor du moment. L'inconstance d'une vie de marin permet de garder les pieds sur terre.

Démâtage sud-africain

Nous voilà au large de Cape Town. Il y a un vent moyen. *Foncia* glisse sous grand-voile arisée et J1, la plus grande voile plate d'avant, dans la pénombre de la nuit. Je suis à la barre. J'entends un grand crac. Je lève les yeux et distingue le haut du mât qui pendouille. Je mets immédiatement le bateau vent arrière pour essayer de sauver ce qui peut l'être. Il n'y a plus de haubans et le gréement tient comme il peut. Un mât qui tombe, c'est à la fois grave et surmontable. C'est un échec sportif, c'est un souci technique, mais il n'y a pas péril en la demeure. La pérennité de la petite entreprise nautique n'est pas menacée. À tout prendre, cela vaut mieux que la quille qui part par le fond ou une voie d'eau causée par une bille de bois.

Nous sommes tous les deux abattus. Nous prenions tellement de plaisir à régater et découvrir ce fabuleux bateau. C'est probablement d'autant plus dur pour Michel que, après la Route du Rhum loupée, les seuls espoirs de briller avec ce bateau étaient tournés vers cette Barcelona. Il voulait démontrer que son imagination technique était encore vive et qu'il pouvait toujours bluffer son monde. La démonstration avait été convaincante jusqu'à maintenant, mais c'est fini. Heureusement, la suite lui prouvera qu'il avait raison. Ce même bateau terminera deuxième du Vendée Globe 2012, vingt-quatre mois plus tard… derrière son sistership, son bateau-frère, mon *Macif* que je mènerai à la victoire.

La déception est aussi très importante pour l'équipe, le sponsor… Et, dans ce cas, le skipper prend toute la responsabilité sur ses épaules. Je m'en rendrai compte quand je serai dans cette situation. Les ennuis à venir sont pour le capitaine qui repart en solo, qui voit son programme de préparation bouleversé et qui doit s'interroger pour savoir si trop fort a manqué, si les coefficients de sécurité ont été respectés ou s'il y a un vice de conception qui oblige à tout repenser. Cette fois, en tant que second, je passe d'autant plus facilement sur ce sentiment d'échec que j'ai un chantier qui m'attend et que ce démâtage va m'aider à affiner mes prescriptions pour la définition du gréement. Je relativise comme je peux.

À bord, dans un bateau désarçonné dont nous ne reconnaissons plus les mouvements, nous sauvons ce qui peut l'être. Et nous établissons un gréement de fortune. En tant que ouistiti d'honneur, il me revient de monter au mât pour organiser le désordre. Perché là-haut, à vingt mètres au-dessus de la surface de l'eau, moi qui adore faire de la grimpette, je fais moins le malin. La situation est précaire. Il y a des bouts du mât sectionné qui battent les flancs de la partie restante. Il faut faire attention de ne pas se faire coincer par le ballant. Il y a des éclats coupants un peu partout. Les drisses ont cisaillé le carbone. Et je ne suis pas certain que le fût noir aux allures de canon explosé sur lequel Mich m'a hissé va tenir encore très longtemps. Je m'empresse de faire le ménage, de couper, de scier. Et de redescendre.

Ensuite, nous avons deux, trois jours pour décompresser. Il n'y a rien à faire qu'à exercer une veille routinière. Le bateau avance mollement. On récupère de l'effort consenti. Il y a un peu de mélancolie à quitter une course qu'on menait. Grâce aux antennes installées au fond du bateau, les communications se rétablissent, les coups de fil passent. Et la suite s'organise : au Cap, aidés par les hommes de l'équipe de Mer Agitée accourus à la rescousse, on prépare le chargement du bateau sur cargo. Le patron de Foncia, le groupe immobilier sponsor, vient dire à Mich que tout va bien et que ça continue comme prévu sur le trimaran. C'est dans ces moments d'infortune que le soutien des partenaires est essentiel. Le skipper peut alors tout de suite se transposer dans un nouveau projet et investir l'énergie de la déception dans la construction de l'avenir.

Maison

Me revoilà à La Forêt-Fouesnant. Le bateau grandit sous son hangar. Il me faut me loger. J'ai un sponsor de long terme et un projet consistant. Port-la-Forêt est mon port d'attache. C'est là que je construis mon bateau, que mon équipe s'active. Et, surtout, je m'y sens bien. Autant acheter une petite maison plutôt que de louer ou continuer à squatter chez les uns, chez les autres ou se loger à la petite semaine. Même si je souhaite acheter, je n'ai pas l'âme propriétaire, ni le sens de mes intérêts à court ou à long terme. En fait, j'ai surtout envie d'avoir un endroit à moi où revenir entre deux navigations. Je veux un espace stabilisé, un domaine réservé, un havre de tranquillité où poser mon sac de matelot. Un refuge qui ne soit pas ballotté par la houle, qui ne gîte pas quand la tempête souffle. Un endroit bien au sec où j'aurai l'impression de rentrer à la maison.

Je ne connais pas beaucoup de marins qui habitent à l'année sur l'eau, sur un bateau de croisière ou même sur une péniche. Il y a un besoin de changer d'univers, de s'éloigner de la mer démontée, de calmer le jeu. Je me mets en chasse. Mon budget n'est pas infini. Il faut s'éloigner du rivage où les prix flambent. Ne croyez pas que c'est parce que je refuse d'avoir sous les yeux, matin et soir, mon lieu de travail. Si le bord de mer était accessible financièrement, je me serais fait la douce violence de m'installer en haut d'une plage, au coin d'une crique, à l'orée d'une ria.

Ce petit nid convoité est d'autant plus important que la famille va se construire. Je vis alors avec Henriette et je serai papa dans quelques mois, et il faut pouvoir accueillir un enfant en début d'année prochaine, l'année 2012… On choisit une construction néo-bretonne, avec un étage, le tout devant avoisiner les cent cinquante mètres carrés. C'est au sommet d'une côte, en pleine campagne. On pousse la barrière blanche et on y est. Quand j'ouvre les volets, je tombe sur un champ de pommiers. C'est à trois minutes des commerces du bourg de La Forêt-Fouesnant, à cinq de la marina de Port-la-Forêt et à dix de la ville close de Concarneau.

La maison me plaît, même si elle n'a rien d'exceptionnel. Elle est fonctionnelle, confortable, adaptable. Je ne m'y investis pas énormément. C'est mon métier et ma passion qui veulent ça. Je suis souvent sur la route, souvent sur l'eau, toujours en voyage. Il faudrait que je bricole, que j'aménage, que je passe la tondeuse et que je coupe les branches des arbres. Je ne désespère pas d'y arriver. Mais j'ai tant à faire… Ce qui m'intéresserait, ce serait de concevoir et de construire une maison passive, en bois. Je me verrais bien m'impliquer dans un projet de cet ordre. Trouver l'emplacement et tant mieux si c'est au bord de l'eau. Définir ce que je veux : la taille, la forme, le matériau. En débattre avec l'architecte. Et m'impliquer à toutes les étapes du chantier, dans la mesure des compétences que j'aurai pu acquérir. Un peu comme je le fais quand je prépare un bateau.

Le baptême

On est mi-septembre. Le baptême du jeune *Macif*, monocoque Imoca de 18 mètres de long, est prévu dans le bassin des chalutiers, au cœur de la ville de La Rochelle. C'est l'époque du Grand Pavois, le salon nautique à flot, et il y aura foule sur les pontons pour saluer notre arrivée. Sauf que, pour l'instant, *Macif* est amarré dans le port de pêche de La Pallice, entre le pont de l'île de Ré et les tours de La Rochelle. Il souffle un vent d'ouest féroce. Le feu d'artifice prévu sera d'ailleurs annulé.

Pour l'instant, la manœuvre de sortie de port se révèle délicate. On nous attend là-bas. Il s'agit de ne pas se louper. Je me sens responsable d'un projet d'envergure. J'ai beau être aussi novice que mon équipe, je dois faire face. J'ai à mon bord le directeur général de la Macit, qui découvre le bateau. Mais, alors que le vent nous pousse contre le quai, que le moteur de l'Imoca ne sert que de force d'appoint et que le pneumatique peine à nous déhaler, je ne prends pas exagérément de gants pour demander au DG de fixer les pare-battages pour éviter que la coque toute neuve ne vienne s'écraser contre le béton.

Pour s'approprier un bateau, il faut qu'il vous cause des soucis. Disons que, ce week-end, cela commence fort, même si tout est bien qui finit bien. Nous voilà rendus, sous les vivats. Michel Desjoyeaux est le parrain naturel. Il est aussi le meilleur représentant de la mémoire de son frère Hubert qui est partout dans ce bateau. Mich brise comme il faut la bouteille de champagne. Je me suis dispensé de glisser un louis d'or sous le pied de mât. Je m'évite le respect intégral et scrupuleux des traditions. Et puis je n'ai pas de louis d'or dans mon bas de laine. La couleur verte ne m'angoisse pas. Je mange sans souci du pâté de lapin à bord. Je ne suis pas superstitieux. Cela porte malheur.

Rien de tel qu'une transat pour tester un bateau, casser ce qu'il y a à casser, répertorier ce qui est défaillant, éprouver ce qui pose question. Je pars sur la Transat Jacques-Vabre 2011 dans cette optique. J'ai demandé à Sébastien Col de m'accompagner. Sébastien est un régatier passé par le match-racing et la Coupe de l'America. Il ne connaît pas le bateau. Il est là pour apporter une vision neutre et décalée et faire avancer *Macif* le plus rapidement possible. Je suis responsable de la météo/stratégie mais surtout de la gestion technique du bateau, ce qui est nouveau pour moi en Imoca. Je ne vais pas être déçu. Un hauban casse. On manque de démâter. La pompe à injection du moteur nous laisse en rade. Il n'y a plus d'énergie. Faute de pilote automatique, il faut barrer en permanence. Faute de système de navigation, il faut se fier au GPS portable pour ne pas devoir compter sur l'estime ou dépoussiérer un sextant pour faire le point. Ce qui n'aurait rien eu d'évident dans les Caraïbes, en approche du Costa Rica.

On finit quatrièmes, bien contents de toucher terre, exténués, vidés. La tournée d'inspection du lendemain est d'autant plus plombante que je pensais que *Macif* avait mangé son pain noir. Des cloisons sont fissurées, la structure du bateau est touchée. Il y a des amorces de rupture dans les ballasts que je n'avais pas remarquées. Autant il est possible de réparer le moteur et de remplacer le hauban, autant cela pose un problème de structure. Et comme le sistership a connu des problèmes de solidité lors des navigations estivales, s'ouvrant en deux au niveau du rouf, la confiance générale en prend un bon coup derrière les oreilles.

Macif est à Puerto Limon, au Costa Rica. Le départ de la transat en solitaire B to B est donné sur l'île française de Saint-Barth. Même si l'épreuve est confidentielle, c'est une importante répétition en solo au cœur de l'hiver. Les marins solitaires viennent chercher leur qualification pour le Vendée Globe, qui part en novembre prochain.

Pour le convoyage vers Saint-Barth, mon équipe va faire preuve d'inventivité et de débrouillardise. Ils lancent une réparation de fortune avec du contreplaqué, fixé rapidement avec des boulons et du Sicaflex. C'est simple et très efficace. En parallèle, on lance les études pour des réparations plus poussées. Les ouvriers de chez CDK et ailleurs débarquent à Saint-Martin. Ils se grattent la tête devant la difficulté de la tâche. Ils ont cinq jours pour reprendre toutes les cloisons avec des renforts adaptés. Ils ne voient pas comment y parvenir en un laps de temps aussi court. Mais ils comprennent l'obligation dans laquelle je me trouve d'aligner *Macif* au départ. La Transat B to B représente la qualification pour le Vendée. Je suis sur les dents et je me prépare à bosser non-stop pour les aider, même si je suis loin d'être le roi de la ponceuse. Alors eux aussi se mettent dans le rouge pour que tout soit prêt à temps. La course est lancée. On ne fait plus la différence entre la nuit et le jour. La première partie de cette épreuve se dispute par équipes le long d'un ponton antillais... La dernière strate est posée quelques heures avant le départ et nous serons juste à temps sur la ligne. Merci !!! Je vais maintenant finir cette course en solo. Grâce à eux.

15

Le poids des responsabilités

Mise en température scandinave

Alors que mon jeune bateau est aux arrêts de rigueur et que j'angoisse au sujet de sa fiabilité, je fais un aller-retour express en Scandinavie. Henriette, enceinte maintenant de plusieurs mois, profite de cet automne de régates pour passer du temps auprès de sa famille norvégienne à Stavanger. Elle est retournée passer un moment chez sa mère, revoir ses amis, retrouver son pays en hiver, son pays qui est l'hiver.

Je me retrouve à l'entrée des fjords, dans la nuit de novembre, avec le froid qui saisit à la gorge dès que vous débarquez de l'avion et qui vous projette dans un monde autre, où l'on ne survit que si on sait calfeutrer ses peines, si l'on sait réchauffer ses peurs. Ce climat rude me permet d'imaginer ce qui m'attend pour ma prochaine course. Il va faire froid et les tempêtes seront violentes. Rien à voir avec le climat tropical des Caraïbes.

Mieux vaut se préparer mentalement dans la fraîcheur de l'hiver scandinave.

La fille du puisatier

Le poids des responsabilités me tombe dessus par inadvertance dans le vol du retour vers les Antilles. Les grêlons martèlent la carlingue. L'avion brave les tempêtes qui balaient l'Atlantique. Je suis encore bien au chaud, mais bientôt je serai en mer, passager de ces dépressions qui dévastent l'océan. Je réalise que les choses ont changé sans prévenir. Je ne pars plus seul, j'engage plus que moi-même. Mon bateau n'est plus une coque de noix, une maquette à faire des ronds dans l'eau, un jouet des flots. Une cinquantaine de personnes comptent sur moi, travaillent sur ce projet plus ou moins directement, et tout cela sans parler de l'ensemble des salariés et des sociétaires Macif que je représente désormais.

Les défauts d'élaboration et de construction de *Macif* me pèsent sur l'estomac. Je sais que nous concevons des engins de course, des prototypes qui tutoient les limites, des éditions originales qui peuvent partir en lambeaux si trop fort a manqué. J'ai beau tenter de calmer mon stress en demandant aux hommes de l'art : « Est ce que ça va tenir ? » Ils ne peuvent que me répondre : « Ben, on pense que oui. » Ce qui fait un peu maigre quand on veut se rassurer avant de traverser l'Atlantique au cœur de l'hiver.

Pour me changer les idées, tandis que l'Airbus tremble de toutes ses ailes, je regarde un film. Je tombe sur *La Fille du puisatier*, le remake d'un film de Pagnol, réalisé par Daniel Auteuil. La fille d'un puisatier italien installé en Provence se prend de passion pour un jeune aviateur issu d'une bonne famille. Elle tombe enceinte tandis qu'est lancé l'ordre de mobilisation pour la Seconde Guerre mondiale. L'avion du futur père disparaît de l'autre côté des lignes ennemies. Et les beaux-parents qui refusaient cette mésalliance tentent de retrouver dans l'enfant un peu de ce fils tombé au champ d'honneur… et qui finira par réapparaître afin que la fin soit heureuse.

La coïncidence des références, la collision de sentiments, le croisement d'émotions me percutent violemment et me laissent groggy et remué. Je me fais l'effet d'un sous-lieutenant qui part au front, sans trop savoir ce que vaut son équipement, mais tout à fait conscient qu'en face, les balles sont traçantes et les canons chargés. Entre terre et mer, terre et ciel, je prends cette charge émotionnelle directement dans le plexus. Et ça pèse lourd.

Bébé et B to B

Me voilà au pied du mur. Le bateau a déjà souffert et a montré ses fragilités alors que nous le menions en double. Je repars sur un monocoque réparé avec les moyens du bord, en qui je n'ai qu'une confiance relative, pour ma première transat en solitaire sur ce genre de bateau. Je vais chercher au nord une dépression qui devrait me ramener vers l'Europe, tandis que l'ensemble de la flotte préfère l'est. Le choix stratégique est bon et je prends les devants sur Le Cléac'h, Dick, Riou, Guillemot, Thomson. Les dés roulent dans le bon sens, mais je ne cesse de vérifier et revérifier l'état du matériel. J'ai le sentiment de m'être embarqué sur un vaisseau fragile qui peut me laisser en rade à tout moment.

Je me pollue l'esprit avec ces problèmes de structure qui menacent l'intégrité de mon embarcation. Et je n'ai qu'une hâte : rentrer le bateau sous le hangar à Port-la-Forêt afin que les architectes et les experts lui auscultent la colonne vertébrale et lui prescrivent une médication adaptée. Je ne sais si la naissance à venir aggrave cette impression de marcher sur un fil ou si, au contraire, elle me donne des ailes. Je dois bien constater que je continue à progresser allégrement. Je m'interdis de lever le pied. Je suis là pour tester le bateau et le bonhomme. Cela ne se fait pas façon père peinard. Même si je croise les doigts pour que mon Imoca ne s'ouvre pas en deux, au plein milieu de nulle part, entre les Antilles et la Bretagne.

La météo se met au diapason guerrier. C'est Verdun qui s'annonce Il est prévu 60 nœuds. Il n'est pas fréquent de voir les barbules qui décorent les flèches de direction de vent s'orner de triangles. 60 nœuds, c'est beaucoup quand on s'approche du plateau continental, que les fonds remontent et que les vagues grimpent à l'assaut du golfe de Gascogne. Prudente et pleine de sagesse, la direction de course fixe l'arrivée au large du Portugal, afin que les concurrents puissent ensuite rentrer hors course vers les côtes bretonnes. Je gagne devant Le Cléac'h et Riou. Malgré les rafales en goguette, qui chahutent le bateau sous-toilé que je ramène non sans mal vers Lorient, je ressens une exultation et un soulagement qui m'emplissent de bonheur. La course est gagnée. Le bateau est ramené à bon port sans difficultés nouvelles. Et le marin a relevé le défi du solitaire façon Vendée.

En fait, j'ai surtout l'impression de revenir de guerre. Et de me sentir encore plus vivant.

La vie, justement, me saute dessus avec la naissance d'Hugo le 29 février 2012, année bissextile. Je comprends à ce moment que mon existence ne sera jamais plus la même et j'entrevois le bonheur que cette petite bouille souriante va m'apporter. Je ne sais pas si j'étais parfaitement prêt à la paternité. Je crois que personne ne l'est vraiment. Mais l'arrivée d'Hugo chasse les possibles doutes et me propulse dans une nouvelle vie, celle d'un papa, que je n'échangerais pour rien au monde.

Autonomie

L'année 2012 est une grande année, celle du Vendée. Et je sais que, l'hiver prochain, les ennuis vont se multiplier, les pannes vont se succéder, les réparations vont s'enchaîner. Il faut donc connaître son engin dans le détail. Et pour cela, il n'y a pas trente-six solutions. Il faut rechercher la symbiose, s'imprégner de l'état des lieux, vivre à bord non-stop, surtout en phase de chantier. Il faut assister aux montages et démontages des winchs ou des circuits de ballast. Il faut se mettre en difficulté technique et essayer de trouver une solution immédiate. La préparation collective est primordiale, mais pas suffisante. Il faut le bateau le plus fiable, le plus solide, mais ensuite, il faut surtout pouvoir résoudre le problème qui ne manquera pas de se poser alors que je serai seul. Il est nécessaire d'acquérir cette autonomie à la MacGyver aujourd'hui disparue dans nos sociétés hyperspécialisées. Dès qu'il y a un problème, les gens décrochent leur téléphone pour sonner le réparateur. Sur le Vendée, on peut bien sûr appeler pour chercher des conseils, mais on est bien le seul réparateur disponible ! Un skipper doit être un généraliste, aux savoirs multiples Et cela me plaît de pouvoir tout résoudre, de ne pas être pris au dépourvu.

Lors de mes études, j'ai compris que je n'avais pas la fibre du chercheur, que je préférais survoler l'ensemble des questions qu'être un inventeur monomaniaque. Je préfère concevoir une nouvelle voiture dans son ensemble que de bosser sur la fonction « stop and start ». Michel Desjoyeaux est un incroyable bricoleur. Il est imaginatif et efficace. Il l'est d'autant plus qu'il se passionne pour la conception des bateaux. Jean Le Cam et Roland Jourdain sont un peu comme lui. Eux aussi ont mis la main à la pâte pour construire leurs bateaux. Et cela représente un vécu important. Je n'ai pas le vécu et l'expérience de ces marins, mais je veux dominer l'intégralité des problèmes. Compulser les modes d'emploi ne suffit pas. Il faut se mettre en situation, quitte à la créer, quitte à simuler de fausses difficultés. Il faut le faire à terre, mais aussi sur l'eau.

L'année 2012 va me voir enfiler sans cesse le costume d'apprenti étudiant. J'apprends. Je fais l'éponge. Aidé par des enseignants patients et pédagogues, je vais mettre mon nez dans les circuits imprimés comme dans l'enrouleur de voiles d'avant ou dans les tringles du système de barre. Je vais identifier les points faibles, détailler ce qui risque de casser et définir des procédures de secours. En 2012, je ne vais cesser d'avoir en tête : « Le Vendée, c'est une emmerde par jour. »

Outsider

Pour le grand public qui se saisit de l'actualité du Vendée Globe tous les quatre ans, je suis un débutant. Plein de promesses, sans doute, mais qui débarque la bouche en cœur. Pour le milieu, je dispose d'un potentiel plus important. Mon bateau est de saison. Une équipe d'expérience accueille ma petite structure. Et les résultats suivent. J'ai gagné la B to B, qui est souvent un mètre-étalon pour initiés.

Ajoutez à tout cela que je suis sans doute celui qui navigue le plus lors des phases d'entraînement à Port-laf. Dès que le vent monte un peu dans le golfe de Gascogne, je suis le premier à être sur l'eau. J'enchaîne les nuits au large dans les conditions du solitaire, mais avec toujours un invité en veilleur au grain. On évolue dans la bande côtière avec un fort trafic de cargos et de chalutiers et il faut faire attention. Tout cela mis bout à bout fait que l'on commence à me regarder avec plus d'intérêt. Pour moi il y a trois favoris : Armel Le Cléac'h, Vincent Riou et Jean-Pierre Dick. Et j'émarge juste derrière, au rang des outsiders à potentiel. Ce qui me fait chaud au cœur, c'est que j'ai l'impression de venir de loin, d'être allé vite, question progression, et de n'avoir aucune envie de m'arrêter en si bon chemin.

Les médias se soucient de nous. Cela ne me déplaît pas. J'aime expliquer ce que je fais au plus grand nombre, raconter ma passion, expliquer mon quotidien. Je suis assez à l'aise dans l'exercice et j'essaie d'adapter mon propos à l'auditoire. Pour les journalistes toujours soucieux de classer et de compartimenter en une sociologie instantanée, je fais office de représentant de cette nouvelle génération de marins-ingénieurs qui jure avec la troupe des aventuriers d'avant ou même celle des capitaines-constructeurs des premiers Vendée. Mais je ne me fais pas d'illusions. Il suffira d'une mauvaise option météo ou d'un démâtage pour que cette ferveur reflue aussitôt et que je me retrouve à marée basse sur le plan communication. L'engouement du public va et vient comme une grande houle soumise aux aléas et aux hasards des succès.

La Macif aurait pu vouloir m'exposer encore plus. Mais ils ont compris qu'ils doivent ménager leur skipper s'ils ne veulent pas faire de concessions à l'ambition sportive. Personne ne me force à accepter les demandes d'interview qui commencent à déferler. Je fais la part des choses entre les sollicitations médias et la préparation de la course où nous continuons à innover, testant un nouveau système de ballast ou recyclant une trinquette de portant. Sans oublier ma vie personnelle, où les nuits sont courtes et les biberons fréquents. Mais je tiens à profiter de tout ça du mieux possible. Une épreuve comme le Vendée demande d'avoir conquis une certaine sérénité d'esprit. Il faut être à l'aise dans sa vie, avoir des bases arrière solides, réussir à tout faire tenir ensemble. Il ne faut pas partir en mer pour fuir un état des lieux difficile ou pour se débarrasser de problèmes compliqués. Bien sûr, la zénitude n'a jamais suffi à faire un vainqueur. Mais il n'est pas mauvais d'avoir un mental apaisé pour aborder dans les meilleures conditions la violence de l'action et la dureté de la compétition.

16

Derniers instants

Dernières semaines aux Sables

Les dernières semaines avant le départ sont ritualisées. Le bateau se doit d'arriver aux Sables-d'Olonne trois semaines avant le départ. Il y a les dernières modifications, les derniers tests, les dernières obligations qui s'enchaînent avec les visites de sécurité et, bien sûr, le défilé de la famille, des amis, des journalistes, des écoliers, des touristes. J'ai conscience du caractère exceptionnel de ces moments, mais je suis partagé entre deux sentiments. Je veux profiter du privilège de vivre ces rencontres très humaines. Je tiens à apprécier leur intensité, leur beauté. Je sais que cela ne se reproduira pas forcément, que bientôt je serai dans une solitude choisie mais en béton armé et qu'il est doux de pouvoir profiter de cette belle fête vendéenne dans le port des Sables. D'un autre côté, je dois me durcir. Je ne suis pas un comédien qui se réconforte à la chaleur de son public, qui peut ouvrir les vannes, ouvrir son cœur. Je suis un compétiteur. Il faut que je protège mes arrières, baisser le rideau de fer sur un mental menacé, ne pas partir en vrille émotive.

Dernière soirée

Il devient impossible de circuler sur les pontons. Quant à faire un footing sur le remblai des Sables-d'Olonne, je n'y songe même plus. J'ai beau mettre un bonnet ras les sourcils, les gens m'arrêtent tous les trois mètres. J'ai profité des derniers déjeuners de la semaine pour faire la tournée des adieux avec l'équipe technique et avec les gens de Macif. Maintenant, on rentre dans un dispositif professionnalisé, zéro risque, zéro défaut, avec un départ qui doit éviter tout grain de sable qui pourrait gripper l'ensemble du lancement de la fusée, puis de la navette marine. À bord, l'avitaillement est fait. Il ne manque que le frais. Les dix voiles sont chargées. Les fichiers météo sont décryptés. L'équipe suiffe les chariots du rail de grand-voile, plonge pour lisser l'antifouling, rentre les derniers road-books et passe l'aspirateur pour un nettoyage d'automne qui est surtout une façon de se rassurer sur l'état de la préparation. Le samedi, les marins du pôle Finistère se réunissent pour un briefing météo qui est surtout un moment d'adieu. On est en petit comité, rien qu'entre nous, les navigateurs. Sans les médias, ni les copains, ni la famille. On se dit des choses simples : « Salut, bon vent, à bientôt. » C'est sobre et intense.

J'ai grandi et progressé à leur contact. Le pôle fut mon premier sponsor, celui qui m'a mis le pied à l'étrier. Derrière les masques goguenards que beaucoup affichent pour tenir l'émotion en lisière, chacun sait d'où il vient, où il part et combien il pourrait avoir besoin des autres quand il se retrouvera en difficulté dans le Grand Sud. À moins qu'il ne doive se dérouter pour porter assistance à l'un de ceux qu'il croise dans cette pièce. Ensuite, je fais un bref passage au dîner Macif. Je suis le hors-d'œuvre, le toast d'accueil. Je dis trois mots et je me fais excuser. Ce retrait rapide passe sans problème. L'importance du moment n'échappe à personne. Je rentre à la maison où m'attend ma famille. L'émotion est forte, le cœur gros. Les regards parlent d'eux-mêmes, les mots sont parfois inutiles. Je regarde un peu les fichiers météo avant de me mettre au lit vers minuit. Je dors sans souci jusqu'au matin, 7 heures.

Dernier matin

Il est 7 heures. Je descends à la boulangerie chercher une baguette fraîche, la dernière avant trois mois. Il est tôt mais la foule est déjà là, dense, compacte, qui processionne vers le port, les jetées, le chenal pour saluer les marins qui partent au loin. Minutes improbables où, dans la pénombre, je remonte anonymement à contre-courant ce flux bondé. Une ferveur immense emporte les réticences, réconcilie la population avec elle-même, transcende un pays flapi qui s'enthousiasme pour cette aventure humaine.

Je remonte à la maison. Des amis sont venus garder Hugo. Le temps des adieux est arrivé. Laisser derrière soi un petit bout qui n'a que huit mois n'est pas évident. Il faut prendre la mesure de l'instant, en apprécier la force et la grandeur. Et c'est sûrement le moment où je comprends le mieux combien je tiens à mon fils, combien il est important, combien il faut revenir... pour lui. Henriette a décidé de m'accompagner. Elle veut vivre le départ sur l'eau, jusqu'au bout. Elle fait bonne figure malgré ses émotions qui font le yoyo, passant de l'exaltation à l'angoisse. Elle affiche le sourire de circonstance, répond aux questions, salue les gens que nous croisons. Elle est à la fois heureuse de l'effervescence ambiante et apeurée à l'idée de ces semaines qui l'attendent, découvrant la vie de femme de marin, seule en Bretagne avec ce tout jeune enfant.

À l'approche du départ, je mets le masque. J'ai toujours ce bon sourire qu'on me connaît, cette mine heureuse et facétieuse, qui font croire que tout va bien, que la vie est belle. D'ailleurs, la vie est belle, tout va bien. La trouille ultime, je l'ai vécue dans l'avion qui me ramenait de Norvège, à la veille du départ de la Transat B to B. Quand j'avais une confiance limitée en mon bateau fragilisé, quand je me sentais alourdi de la responsabilité d'un enfant à naître. Depuis, Hugo est né, le bateau a gagné en fiabilité et moi aussi j'ai progressé. Sur le ponton, je distribue les saluts, les accolades, les poignées de main mais je suis déjà ailleurs. Je suis dans l'après, dans la régate, dans la projection vers le futur.

Je passe mon bas et mon haut de ciré gris et je lance les derniers au revoir tandis que l'équipage largue les amarres. Sous un ciel gris, avec un vent qui s'apaise et une mer qui reste formée, *Macif* sort de la marina parmi les derniers concurrents. Lors de la remontée du chenal sous les vivats, je salue la compagnie. Le moment est intense et magique. Et puis, une fois le bateau sorti, en attendant le départ, au lieu de traînailler à regarder le paysage se peupler, les bateaux croiser leurs sillages et le compte à rebours s'enclencher, je pars faire un petit somme. La dernière sieste tranquille, sans avoir tous les sens aux aguets et l'entière responsabilité de l'histoire. Je suis serein et concentré.

Dernières secondes avant le départ

On part pour trois mois de voyage, on devrait se tenir en retrait de la ligne de départ, on pourrait se dire que patience et longueur de temps font plus que force et que rage. Pas du tout. Ma stratégie est claire : être devant au départ. D'abord parce que, en course, mieux vaut partir devant – le lièvre et la tortue nous le rappellent depuis nos plus tendres années –, mais surtout parce que je considère qu'il y a moins de risque d'abordage en étant devant la flotte. Il est hors de question d'entrer en collision avec un autre bateau qui pourrait, en quelques secondes, ruiner des années de préparation de toute une équipe et envoyer par le fond les millions d'euros investis par mon partenaire.

A priori, je ne suis pas le seul dans cet état d'esprit. La compagnie a des fourmis dans les jambes. Nous avons l'habitude de multiplier les procédures de départ lors des séances d'entraînement. Nous connaissons nos bateaux par cœur et les enfourchons comme des scooters pour se jouer des embouteillages qui peuplent les cités de vagues. Le pli est pris de ne pas perdre une minute et d'attaquer bille en tête. Il est loin le temps où les solitaires prenaient doucement la mesure de leur engin, peu habitués à naviguer sans assistance, découvrant les routines des manœuvres lors des premiers jours de course.

Les dix-neuf autres skippers aussi savent y faire. Et puis les conditions sont raisonnables. Il y a 12 à 15 nœuds de vent d'ouest et un fort clapot résiduel. J'ai hissé la grand-voile au plus haut et je porte la trinquette, le J2. Je suis bien toilé. Je ne veux pas me faire passer sur le corps par mes camarades. Il reste quelques secondes avant le coup de canon libérateur. L'acteur François Cluzet, qui interprète un coureur au large dans le film *En solitaire*, le fait tonner à 13 h 02, juste après le générique de lancement des journaux télévisés afin de diffuser l'envolée de moineaux en direct. Je ne suis pas le dernier à jouer serré. Nous sommes donc cinq à voler le départ. Je suis sur le qui-vive, conscient que j'étais haut, en avance sur le chrono. Dès que j'entends mon nom à la VHF, je fais demi-tour pour venir repasser la ligne dans le bon timing. Je reste zen. Cela n'a rien d'un drame. Me voilà déjà relancé. Macif marche à 10 nœuds, tribord amure, au près bon plein. Tout est en ordre de marche.

17

Au seuil de choses formidables

Première nuit, quand la solitude est là

Lors d'un Vendée Globe, la solitude se conquiert doucement. Il faut passer la folie du départ et oublier les vedettes de spectateurs qui vous coursent tant qu'elles peuvent, chahutées par les sillages mousseux. Petit à petit, les rythmes s'accordent. Il y a celui des voiliers, sinueux et secret, menés par des marins qui filtrent le vent et le passent au crible de leurs espérances. Et il y a celui des poursuivants motorisés, qui ne tardent pas à se laisser bercer par le roulis du ferry ou du vieux gréement sur lequel ils ont pris place. Bientôt, le froid de novembre se fait mordant. La nuit tombe vite, grise et sale. Les moins acharnés des suiveurs font demi-tour. Ils partent prendre le TGV ou la voiture qui les ramèneront vers leurs lundis requis, gardant au cœur comme un pincement devant ces escapades qui sont les miennes et qu'eux n'ont pas décidé de s'offrir, vivant par procuration un rêve d'absolu qu'ils habillent de renoncement. Les derniers à abandonner sont les plus proches, les équipiers, les amis qui rebroussent chemin en agitant le bras longtemps, longtemps.

L'obscurité gagne. Les derniers échanges VHF s'apaisent. Les feux des bateaux voisins s'éclairent, blanc, vert et rouge, et dansent dans la houle. Je suis seul au monde. Je suis au début de ce que je suis venu chercher. Je suis heureux d'être au seuil de choses formidables. Je suis empli de tout cet espoir. Je suis plein de toute cette force de vie. Voilà, je m'engage dans l'épreuve essentielle des marins d'hier et de demain. Le tour du monde en solitaire et sans escale est un accomplissement. Je pars sur les traces de Bernard Moitessier qui, en 1968, était en tête de l'épreuve originelle, le Golden Globe, et qui refusa de rejoindre Plymouth, le port d'arrivée, pour continuer vers Tahiti, en contestataire de la société de consommation. Je prends le sillage de tous ceux qui, depuis 1989, ont fait du Vendée Globe, qui reprend le principe de la planète tournée sans arrêt, un événement sportif mais surtout une aventure humaine. Dans le noir de mon premier soir, je m'exalte à retrouver le sillage des vainqueurs comme Titouan Lamazou, Alain Gautier, Christophe Auguin, Vincent Riou ou, bien sûr, Michel Desjoyeaux. Mais je me sens aussi le jeune frère des concurrents qui sont venus à la rescousse des copains dans la tempête et de ceux qui ont vécu mille morts dans leurs bateaux renversés en s'accrochant à l'espoir que les secours ne tarderaient pas trop. Surtout, je vais chercher des aubes essentielles, des vagues somptueuses et des caps fameux à saluer respectueusement avant de pouvoir pisser au vent.

En attendant, je me concentre sur le réglage des voiles, sur les données fournies par les instruments de bord, sur les fichiers météo qui m'annoncent un vent de nord-ouest qui va nous faire descendre puissamment vers le large.

Premiers abandons

Marc Guillemot voit sa quille le lâcher. Kito de Pavant et Louis Burton se font aborder par des chalutiers. Les premiers jours de course sont souvent meurtriers pour les espoirs de marins talentueux qui rentrent quasiment avant d'être partis. La zone est dangereuse, peuplée de cargos et de bateaux de pêche aveugles. Et il y a aussi cette décantation nécessaire, cette entrée dans la carrière à pas de loup, ce débarbouillage à achever pour se débarrasser de l'ensommeillement terrestre. Ce sont des copains qui sont dans la peine. Ce sont des camarades qui vivent ce que je ne souhaite à personne. Pas une seconde, ils n'ont eu le temps de tester leur potentiel, de défier l'irréel contre lequel on adosse sa fièvre, de se hausser sur la pointe des pieds pour regarder de l'autre côté de la ligne d'horizon. Ils rentrent avec leurs bateaux malades. Encore heureux quand ils ne doivent pas l'abandonner, coulé sous eux, ou n'ont pas besoin d'une opération de renflouement par des remorqueurs plus ou moins avides. Ils retrouvent leurs équipes catastrophées, leurs sponsors chagrinés, leurs familles ébahies. Tous marinent dans la désolation avant de croupir dans la résignation.

Chaque fois, mes pensées vont vers eux. Mes mots tentent de prodiguer un réconfort qui ne peut que sonner faux. Ils sont à terre. Je suis toujours en mer. Ils ne doutent pas de ma compassion. Mais cela ne leur est d'aucune consolation. Et je peux bien être d'une totale sincérité dans la présentation de ce qui ressemble à des condoléances, ils savent, et je sais, et nous savons, que je les plains en pensant qu'il pourrait m'arriver la même chose, que je l'ai échappé belle.

Panne moteur sur un voilier

Cela fait bizarre, mais c'est pourtant la réalité. Nos voiliers ont beau être uniquement mus par le vent, ils possèdent tous un moteur. En phase d'entraînement, ces trente-sept chevaux permettent de rentrer et sortir du port sans trop de difficulté. En course, une fois le ponton dégagé, l'arbre d'hélice est scellé. Mais la présence du moteur fonctionnel reste d'une importance capitale. Si nous devons porter assistance à un autre concurrent, nous pouvons alors l'utiliser pour la manœuvre de sauvetage, qui serait presque impossible sans cette précieuse aide. Il peut permettre de sauver des vies : on le garde ! Le moteur est aussi sur beaucoup de bateaux la source d'énergie principale. Il fait office de générateur et tourne régulièrement, quotidiennement, consommant environ cent litres de gasoil pour un tour du monde. Le moteur permet ainsi le bon fonctionnement du pilote automatique et de l'ordinateur. Sans ces instruments, le solitaire se retrouverait bien démuni. Privé d'énergie, le voileux est mis aux arrêts. Et ne tarde pas à mettre la flèche à gauche vers le port le plus proche.

Lors des premiers Vendée, certains marins ont continué la longue route, barre amarrée pendant qu'ils dormaient, rivés à la conduite des bateaux le reste du temps. Vu l'évolution des techniques et la hausse des performances, poursuivre dans ces conditions est tout simplement impossible.

Au cinquième jour de course, je réalise que j'ai un gros souci. La pompe à injection ne fonctionne plus. Il y a eu une infiltration d'eau de mer par le système de refroidissement. J'ai déjà eu une panne similaire l'année précédente sur la Transat Jacques-Vabre. Il a fallu des heures de boulot à des professionnels pour arriver à relancer le moteur… qui a rendu définitivement l'âme quelques heures après être reparti. Bref, je sais bien que je suis dans une situation compliquée. Je n'en mène pas large.

Perdu pour perdu, tentons le tout pour le tout. Il me faut essayer de nettoyer la pompe à injection au gasoil, opération salissante mais envisageable. Le plus compliqué pour le mécano improvisé que je suis va être de faire une vidange sans huile de secours. Je dois débarrasser mes cinq litres d'huile de l'eau de mer qui les pollue. À terre, mon équipe phosphore et me propose de la faire chauffer dans l'unique casserole de ma petite cuisine. Sur le réchaud, je fais revenir mon brouet jusqu'à ce que l'eau de mer s'évapore et que l'huile demeure, le sel résiduel ne posant pas de problème. Et me voilà, du côté des Açores, à filtrer une mayonnaise peu appétissante. Je suis graisseux, crasseux, anxieux. Je ne sais plus trop à quoi je ressemble. À un garagiste du dimanche qui va saboter sa Jaguar vintage ? À un petit chimiste qui risque de faire sauter la maison de ses parents ? Ou à un cuisinier d'occasion vraiment pas digne d'une étoile Michelin ? En tout cas, la cabine sent la frite et mes prochains repas auront un léger goût de gasoil !

Je termine mes manipulations, je liquéfie le breuvage et je transvase en essayant d'en mettre le moins possible à côté. Je suis perplexe devant la méthodologie appliquée, même si j'ai une foi inébranlable dans les recommandations de mon équipe à terre. J'ai peur que ce ne soit que le début des difficultés, avec ce moteur embourbé. J'angoisse que ça crachote pendant deux heures et qu'ensuite ce soit fini. J'ai aussi en secours un hydro-générateur qui utilise une petite hélice sous la coque pour produire la précieuse énergie. Mais c'est mon joker, mon système d'appoint. Je ne peux compter que sur lui pour un tour du monde qui vient tout juste de débuter. Je relance malgré tout la machine, qui tousse quelques secondes mais se remet à ronronner comme avant. Cet engin fera l'objet de toutes mes attentions dans les jours qui suivent. Je suis persuadé que ses heures sont comptées et qu'il ne tiendra que quelques jours. Finalement, l'histoire me prouvera le contraire. La réparation tiendra bien au-delà de mes espérances et je pourrai m'appuyer sur ce solide compagnon pendant toute la course.

En parler ou pas

La communication est un art de la guerre qu'il faut savoir maîtriser quand on part autour du monde. Depuis l'océan, le solitaire est par définition la seule et unique source d'information. Personne ne peut vérifier ses dires. Le poker menteur se fait à sa main. Il lui faut juste éviter de diffuser par inadvertance des images d'une caméra qui pourrait le trahir. Il doit aussi être sûr de son équipe de terre, être certain qu'elle fera motus et bouche cousue si le confidentiel défense est requis.

Il y a deux approches opposées des choses.

Le « tout va toujours bien », façon Michel Desjoyeaux. N'expliquer jamais, ne se plaindre jamais, façon maison intouchable, indestructible. Mich se débrouille pour ne pas donner prise à l'incertitude, à l'interprétation. Il visse les boulons de ses propos et se la joue youp la boum quoi qu'il arrive. Il n'y a que quand il se prend le mât sur le nez qu'il lui faut bien arrêter de broder sur le merveilleux de ses aventures dans un monde parfait.

Le « rien ne va jamais plus », façon Ellen MacArthur. La talentueuse Anglaise a le chic pour pleurer sur le lait renversé. Cela ne va jamais. Il y a toujours quelque chose qui part en vrille, une difficulté insurmontable qui entrave sa liberté d'aller et de venir sur la planète bleue. Sur certaines épreuves, elle annonce avoir déchiré tant de voiles qu'on se surprend à penser qu'elle a embarqué le double du matériel prévu. En fait, je crois qu'elle partage sincèrement toutes les difficultés qu'elle rencontre, sans aucune censure. Et des difficultés, sur un Vendée, nous devons en affronter un paquet !

À l'abord, je pensais faire dans le parler vrai, dire ce qui m'arrivait sans minimiser ni exagérer la difficulté. Mais j'ai vite compris qu'il vaut mieux en rabattre, garder quelques cartes dans son jeu. Il ne faut pas ouvrir la porte à l'attaque d'un rival qui vous sait en faiblesse. Quand le moteur est en rade, l'entrave est générale. Il faut résoudre le problème, y consacrer tout son temps, sinon c'est l'abandon. Cela vous requiert totalement, la tactique rapprochée ou la guerre des nerfs deviennent le cadet de vos soucis. Si la concurrence veut passer à l'offensive, il vous sera impossible de vous défendre avant d'avoir résolu la panne. Mais il est parfois des handicaps plus bénins qui peuvent faire évoluer la stratégie adverse. Si vous avez déchiré un spi et que vous soyez handicapé à certaines allures, il peut être intéressant pour votre concurrent d'attaquer sur ce point faible et de vous entraîner sur ce terrain. C'est un peu comme si un tennisman avait des soucis avec son revers et que son adversaire l'ayant percé à jour insistait sur ce côté affaibli.

Ne rien dire, cacher son jeu, permet d'entretenir le flou sur votre potentiel et de laisser la concurrence s'interroger sur l'intérêt du coup à tenter ou tout simplement la laisser naviguer dans l'impitoyable univers des doutes solitaires.

Caméras obscures

Sur le Vendée, le marin est un homme-orchestre. Il lui faut également avoir dans sa musette des talents de producteur d'images. Le règlement impose de fournir des photos et des vidéos. Nous devons envoyer trente secondes d'images par jour. Ceci m'intéresse mais n'est pas mon domaine de compétence. J'ai suivi une rapide formation vidéo avant la Barcelona mais n'ai guère eu de temps pour me perfectionner davantage. Or cela exige des connaissances, de la pratique et surtout de la disponibilité d'esprit. Ce n'est pas pour rien que, sur certaines courses en équipage, on désigne un media-man dont c'est la seule fonction à bord. Mes talents de monteur s'arrêtent à la maîtrise d'un logiciel de base qui pourrait s'appeler « Tourne et envoie » ou « Enregistre et diffuse ». Cela ne va pas beaucoup plus loin.

À bord, il y a deux caméras fixes. L'une se trouve au-dessus de la table à carte et l'autre à l'arrière du cockpit. J'ai aussi quelques GoPro, un petit caméscope qui se tient au poignet et deux appareils photo, un beau reflex Canon 7D et un petit boîtier étanche et solide. On m'a fait quelques recommandations de base. Ne pas faire des travellings trop rapides. Faire suffisamment durer les plans fixes… Je vais enregistrer 17 heures de rushes sur 78 jours de course. Preuve de mon implication dans cet exercice.

Au-delà de l'obligation de produire pour l'organisation et pour le respect du droit à l'information, au-delà de la demande d'un réalisateur de documentaire, je suis intéressé par l'idée de rapporter des éléments visuels de ce grand voyage. J'ai envie qu'il en reste quelque chose, une trace, une matière. Je crois aussi que je suis intrigué par ce que je fais, par cette énergie que je mets, par cette expérience hors du commun. Je me dis qu'il est intéressant de tenir une sorte de journal de bord en images qu'on pourra toujours décrypter ensuite. Je ne sais pas si c'est pour m'inscrire dans la continuité des films super-8 enregistrés par mes parents lors de notre tour de l'Atlantique. Leur visionnage a sans doute façonné mes souvenirs et mon imaginaire plus que je ne le crois.

Je ne scénarise pas mes interventions, à l'image de Sam Davies ou de Roland Jourdain. Leur fantaisie et leur drôlerie ont explosé lors des précédents Vendée. Ils réalisaient de petits sketchs enlevés, colorés et enjoués. Et cela avait fait monter énormément leur notoriété et leur coefficient de sympathie. Je suis moins doué qu'eux pour le stand-up et pour le show. Je n'ai pas de talents d'amuseur, même si je suis bon public. Mais je veux garder une trace de cette histoire. Je veux pouvoir revivre tout cela dans les années qui viennent. Je veux que mon fils puisse comprendre plus tard ce que faisait son papa quand lui n'était qu'un bébé…

Pot au noir

Mes soucis de moteur m'ont ralenti du côté de l'archipel des Açores, mais je n'ai pas trop perdu en distance. Si Armel Le Cléac'h s'est légèrement échappé, je suis toujours en tête du groupe des poursuivants avec Riou, Dick, Stamm, Thomson. Il faut négocier la descente rapide dans l'alizé et préparer le passage du pot au noir, l'un des plus redoutés par les navigateurs. Les prévisions météo deviennent aléatoires. Les orages ou les calmes locaux peuvent perturber la donne. Et les dés roulent sur la piste cahotante des hasards et des nécessités. Je ne suis pas une encyclopédie vivante des courses à la voile. Je ne peux pas dérouler le palmarès complet des Vendée Globe depuis la nuit des temps. Je ne m'englue pas dans les classements détaillés, ni dans les mille anecdotes de l'histoire maritime. En revanche, j'ai en tête les déroulés météo de nombreuses éditions passées. J'ai compulsé les archives, révisé les situations rencontrées, identifié les invariants et les cas d'espèce. Organisé, théorisé, relativisé, ce savoir peut être utile. D'autant plus si on s'applique à laisser jouer le principe d'incertitude.

Le pot au noir fait souvent l'effet du passage à niveau lors des courses cyclistes, avec un garde-barrière en proie à des poussées d'urticaire et d'arbitraire, qui ouvre la porte à certains et la claque au nez des autres. Il y a un effet de resserrement qui fait office de nasse pour les premiers. Armel est toujours un peu en avance. On est là, arrêtés, avec Dick. Rapidement nous rejoignent Riou, Stamm et Thomson. On navigue à vue, on se salue de loin, on se joint par VHF. Les silhouettes des Imoca se dessinent, fantomatiques et irréelles, taches blanches, jaunies ou fluorescentes selon les décorations des voiles, sur un horizon noirci par les nuages orageux. Cela met de l'animation, une course dans la course, une forme d'excitation doublée d'appréhension.

Cette proximité entre les bateaux est assez nouvelle. Avant, les différences de performances faisaient que les marins vivaient leurs tours du monde en solitude, ne croisant parfois aucun concurrent du début à la fin. Aujourd'hui, l'homogénéité est forte, les bateaux se ressemblent, la météo est connue et les skippers sont bien entraînés. D'où ce jeu du chat et de la souris qui voit la troupe s'assembler puis se disperser. Les marins sont invités à la noce du passage obligé, puis ils se font volée de moineaux s'égaillant avant de se percher à nouveau sur le même fil électrique.

Je ne sais pas encore que je vais faire le jumeau de parade avec Armel dans les mers du Sud pendant un temps incroyablement long. La nuit qui suit cette cousinade improvisée, le pot au noir se comporte en malotru. Les orages secouent l'atmosphère avec une violence cruelle, couchant les bateaux sous la charge puis les abandonnant à leur triste sort de presque mort redevenus morts vivants, aussi vite qu'ils les ont frappés de stupeur. Les éclairs zèbrent le ciel. Le tonnerre assourdit les tympans saturés de bruits variés et irrationnels quand d'ordinaire la tonalité est référencée, la rime alerte, le barouf cadencé. Pas le temps de réfléchir, ni de dormir. Il faut essayer de tenir et de ne rien casser.

Le combat avec les éléments est physique. Au matin, je suis exténué. Je dégouline de sueur et je suis ravi de pouvoir évacuer ainsi la crainte de l'avarie qui m'a tenaillé la nuit entière. Les coups de grisou de l'équateur sont dangereux pour l'intégrité du bateau. Il y a calme plat, puis bouffée délirante. Rien, puis tout. Et il faut faire attention que le diable ne réduise pas votre matériel en miettes, avant de se muer en angelot paresseux sans que vous ayez compris ce qui s'est passé.

18

Le grand toboggan

Sur la voie d'accès

Il y a deux anticyclones célèbres : celui des Açores, souvent espéré par les vacanciers en demi-saison, et celui de Sainte-Hélène, qui peut barrer la route vers les mers du Sud aux marins pressés. Armel est en tête et il « coupe le fromage », comme on dit. Il s'approche de la dernière résidence de Napoléon et des côtes africaines, au risque de se retrouver englué dans des calmes ondoyants pour avoir voulu couper au plus court. Jean-Pierre, troisième, prend la tangente. Il optionne à l'inverse d'Armel et fait le choix du Brésil. Je ne veux prendre aucun risque stratégique sur ce début de course. Je reste centré autant que faire se peut. Puis j'incurve ma route au dernier moment vers l'est dès que les fichiers météo convergent vers le même scénario et nous ouvrent la porte du Grand Sud.

Je brûle d'y être. C'est pour ces grandes étendues désertes soufflées par des vents que rien n'arrête que je suis venu ici. Ça m'excite. Ça m'attire. Je suis fasciné par l'inconnu de ces contrées perdues. Sur la Barcelona, j'avais entraperçu les prémices de ces grandes houles océaniques avant de démâter. Cette fois, je veux ma part et je n'en laisserai pas une miette. Je n'entre pas dans ce pays des ombres avec appréhension. Je ne mets pas les patins comme pour ne pas abîmer le parquet des océans. Je ne fais pas silence comme lorsqu'on s'approche du lit du défunt aux yeux de nuées. Je suis heureux d'être là. C'est cela que je veux vivre. Je veux la longue houle qui te prend pour ne plus te lâcher qu'après le cap Horn. Je veux les albatros qui font escorte en cohorte hautaine. Je veux les dépressions nocives et nuisibles et mon bateau qui caracole dans la fureur des ciels, dans la mousse des déferlantes, dans la noirceur venue de la nuit des temps.

Je ne boude pas mon plaisir. Je veux entrer dans cette légende maritime. Est-ce présomptueux ? Est-ce de l'orgueil mal placé ? Vais-je être puni de ne pas entrer ici en pénitent à capuche rabattue sur mes yeux fermés en signe d'humilité ? J'ai lu Bernard Moitessier, Éric Tabarly, Olivier de Kersauson. Mais je connais mieux ces contrées via les vacations radio des précédents tours du monde qu'après la lecture de *La Longue Route.* Nos bateaux n'ont plus rien à voir avec ceux des pionniers. Ils sont rapides, agiles, technologiquement inventifs, quand le *Joshua* de Moitessier était un sabot chahuté par les flots, une hutte silencieuse au cœur des forêts liquides.

Voilà que j'approche du Sud, avec un bateau prévu pour cela, un bateau que je rêve de mener dans les clairières de l'Indien et les tranchées du Pacifique. J'aime la navigation au portant, la grosse brise, les vagues comme des montagnes. J'aime la vitesse féroce, le surf dans du gros, bien plus que la remontée ouvragée contre le vent. J'ai confiance dans *Macif*, qui a beaucoup grandi depuis mes angoisses originelles, aux Antilles l'hiver dernier. Moi aussi, j'ai grandi. J'ai appris à tenir fermement les rênes de mon stress, à chevaucher mes inquiétudes, en leur donnant du mou quand elles risquaient de me désarçonner. Sur ces Imoca rapides, la pression est une donnée incompressible. Il faut que ce soit une pompe à injection, pas un coupe-circuit. Il faut que ce soit un booster, pas un inhibiteur. Il y a bien sûr de l'appréhension. Mais je suis venu là pour ça. Personne ne m'a forcé. À moi de valider mon ticket, de poinçonner mes rêves.

En situation

J'ai prévu d'aller vite de façon sécurisée. Depuis le début, l'idée est de faire rapide et léger, plutôt que lourd et puissant. Je préfère que le museau de mon bateau flaire haut les opportunités d'évasion plutôt que de surtoiler, de charger la mule et de buter comme un bœuf dans la vague.

L'entrée dans le Sud, quand le vent fronce les sourcils et que la surface des océans se ride tout juste, pas encore botoxée par des injections surajoutées de déprimes psychiques, est le moment idéal pour apprivoiser le bonheur d'aller vite. La brise monte à plus de 20 nœuds. On est au portant, à 110 degrés du vent. *Macif* est sous J2 avec un ris dans la grand-voile. Ce sont les conditions idéales pour accélérer. Jean-Pierre Dick est le premier à pousser son bolide. J'ai appris qu'il avait battu le record de distance parcourue à la journée. Il n'a qu'à bien se tenir.

Moi aussi, j'entre sur le terrain. Je veux faire fumer le sillage du bateau. On est sur le Vendée, on est là pour ça. Je loge à l'intérieur, face à la table à cartes, un œil sur le hublot, l'autre sur le répétiteur de vitesse. Ou alors, je suis sous la casquette, la main sur les cordages, prêt à choquer les écoutes, à larguer du lest.

Je me concentre sur le bateau, à l'écoute de ses bruits, en phase avec mes sensations, avec mes impressions. J'entame un dialogue silencieux avec celui qui se fait de plus en plus sonore. Quand on aborde ces zones limites où il faut interpréter avec précision les moindres variations de stridence, il faut entrer dans une bulle de concentration, rester connecté avec le voilier. Il faut filtrer l'ambiance assez guerrière qui s'impose, sans couvrir les informations que nous fournissent ces instruments à vent que sont la coque qui grince, le carbone qui tambourine, la quille qui stridule, le safran qui chouine, le gréement qui chante.

Ce jour-là, je ne bats pas le record que détient Jean Pierre, mais ce n'est que partie remise. Cela va venir. Et surtout, je me suis mis en phase avec le bateau. Je nous ai fait rentrer tous deux dans ce monde où il est interdit de se quitter des yeux, de se lâcher la main, de ne pas prêter l'oreille. On y est !

Bulle

C'est assez bizarre, un Vendée. Il y a des oscillations d'humeur. On pense une chose, et puis son contraire. Quand je descends aisément dans l'alizé, je me dis que j'aimerais revenir là en famille, sur un catamaran ouvert et agréable, à lire tranquille, allongé sur un banc de cockpit, protégé du soleil par l'auvent. À boire des coups paisiblement quand le soleil descend à l'horizon. À parler avec les amis et avec l'équipage, à échanger sur la beauté des choses et le temps comme il s'étend, limpide et doux. Et aussitôt, je me reprends et je me félicite d'expérimenter cette solitude sans mots. Dans ma vie, il ne m'arrivera pas souvent de ne parler à personne pendant trois mois, de n'avoir aucun interlocuteur vivant en face de moi, qui opine quand il pense la même chose, qui fait la moue quand il n'est pas d'accord et qui hausse les yeux au ciel quand il commence à s'ennuyer.

Là, je suis seul avec ma caméra. Je n'échange avec aucun humain, juste avec cet œil aveugle, avec cette oreille greffée à l'intérieur de la machine. Il y a bien quelques vacations radio, seuls moments où tu as l'impression de ne pas parler dans le vide, car les échanges avec l'équipe à terre et avec les proches se font le plus souvent par mail. On ne me sonne pas, on me laisse dormir. Si le grelot tinte, c'est que c'est grave. Et pareil en sens inverse. Le nombre de mes interlocuteurs est réduit. Il y a Tiphaine Champon, la responsable de mon équipe. Il y a Jean-Paul Roux, qui connaît la question pour avoir été l'interlocuteur de Michel Desjoyeaux lors des Vendée précédents. Ensuite, si besoin, pour des infos techniques, je vais directement à la source, je limite les intermédiaires.

Les mails ou les sms, c'est ce qu'il y a de mieux. Je les ouvre quand j'ai le temps, j'y réponds quand c'est possible. C'est parfois difficile de taper sur un clavier quand on a les doigts gourds, la peau mouillée et que tout bouge autour de soi, que ça tressaute, que ça se cabre et que ça tangue. J'essaie de tenir un journal de bord technique, de noter les pannes et les réparations effectuées. À la barre, des idées viennent que j'aimerais noter, mais elles s'échappent, se dispersent dans le capharnaüm des obligations, des routines techniques à accomplir, des soins à prodiguer au bateau.

Surtout, il ne faut pas se laisser distraire de sa mission. Il faut rester coincé dans cette bulle de concentration où ne parviennent que les indications signifiantes. Le marin est un peu comme un fœtus aux sens aiguisés qui devrait veiller sur la mère-bateau, protectrice à protéger, nourricière à nourrir, avec laquelle toujours échanger dans une dialectique bruyante, bien en deçà du langage.

Froid

C'est fini, le bon temps des alizés. Je range le bermuda bleu, je réserve les Crocs à la vie intérieure. Mon nez rougi par le soleil ne va pas tarder à cesser de peler. On entre dans le froid des mers du Sud. Il n'y a pas de chauffage à bord de *Macif*. C'est bien sûr pour satisfaire à cette obsession perpétuelle du gain de poids. Mais c'est surtout une philosophie de navigation, un rapport à la performance et le refus d'un confort ouaté. Il fait entre 5 et 10 degrés en moyenne dans la cabine. C'est bien suffisant. Et il ne fait pas beaucoup plus froid sous la casquette qui coiffe le cockpit et évite les entrées d'eau. L'idée est de constituer un univers homogène mi-fermé, mi-ouvert. Il ne doit pas y avoir de différence entre le dedans où je me tiens assis sur le pouf à billes, où je fais ma météo à la table à cartes, et ce dehors protégé qu'est le poste de barre et de manœuvre. Il faut qu'on puisse porter la même tenue dans la cabine et sous la casquette.

On pourrait imaginer créer une zone de confort. Sauf qu'il faut parfois monter sur le pont balayé par les vagues pour aller changer une voile, prendre un ris, vérifier un cordage, grimper au mât ou scruter l'horizon. D'où ce choix de rester en tenue de travail, en vêtement de veille. Je vais passer les deux tiers du Vendée en pantalon de ciré, veste de quart et bonnet enfoncé sur les sourcils. Je vais dormir dans cette tenue pendant trois mois. Et ça ne va me gêner en rien.

Derrière la porte Crozet

Aux premières heures du Vendée, les concurrents traçaient leur route en brise-glace. Ils pouvaient attaquer la banquise à la tronçonneuse si ça leur chantait. Au lieu d'un tour du monde par les trois caps, il aurait mieux valu parler d'un tour du continent Antarctique. Les marins d'avant ont été nombreux à saluer ces grosses bêtes bleutées que sont les icebergs et à taper les growlers, ces glaçons qui peuvent vous envoyer un bateau par le fond en moins de deux. Par chance, le Vendée n'a connu aucun naufrage de cet ordre. Le réchauffement climatique commençant à attaquer l'Antarctique, ces grands immeubles vitrifiés, dérivants et en voie d'écroulement permanent, remontent de plus en plus haut.

Il n'était plus possible de laisser les marins jouer à la roulette russe. Les radars repèrent les gros gabarits mais sont totalement impuissants contre les growlers miniatures qui peuvent avoir la taille d'un coffre de pirate ou celle d'un conteneur flottant entre deux eaux. Désormais, il existe sept « portes des glaces » qui éloignent la flotte d'un danger multiplié. Ce sont des points de passage obligés. Ces bouées virtuelles sont positionnées par la direction de course grâce aux observations satellite. Elles délimitent un arc de parallèle au nord duquel tout bateau doit passer à un moment donné. La direction de course se réserve le droit de les modifier pendant la course, mais la porte est figée à l'arrivée des premiers bateaux.

Ces nouvelles obligations rallongent la distance parcourue. Malgré tout, les records continuent à être battus. L'augmentation des performances compense la sécurisation des itinéraires. Et l'on se retrouve à faire la route sur les quarantièmes rugissants qui, parfois, baissent le ton et mettent en sourdine, quand nos devanciers allaient jouer du côté des cinquantièmes hurlants ou des soixantièmes glaçants.

Nous voici à la porte Crozet, à l'entrée de l'océan Indien, au sud de Madagascar. Un bel anticyclone étend son emprise et s'apprête à nous engluer dans une dorsale sans vent. Armel Le Cléac'h décide de venir immédiatement passer la porte par l'ouest et de redescendre ensuite vers le sud avant que le vent tombe. Nous sommes quatre poursuivants qui obliquons directement vers le sud, dans l'espoir d'éviter ce coup de mou. Mais il faut bien remonter un jour et aller valider son ticket de péage à l'extrémité est de la porte Crozet. Dans les deux cas, le risque de se faire engluer est important. Cela pourrait avoir des conséquences dramatiques pour la suite de la course. Je suis au cœur du groupe le plus nombreux. Mes risques sont limités, si ce n'est celui de voir Armel partir se friser les moustaches, tout en saluant la compagnie.

Au final, les deux options sont très proches mais, avec Armel, c'est nous qui gérons le mieux cette transition dans du vent faible. On est les premiers à raccrocher le vent fort pour partir vers l'Australie.

Ce système des portes est sportivement ambivalent. On peut lui reprocher d'interdire les options extrêmes, les choix stratégiques originaux, les paris du tout ou rien. Il entrave une part de la liberté, empêchant celui qui le souhaite d'aller prendre des risques dans les glaces. D'un autre côté, cela permet aussi d'ajouter des difficultés techniques et tactiques dans les mers du Sud. Il instaure des chicanes qui peuvent relancer les dés quand la longue autoroute des dépressions déclenche peu d'embardées et peu de remises en cause.

19

Jumeaux de bagarre

Jour de record, jour où tu dors

Les jours de record sont de belles journées où tu dors du début à la fin. Bon, j'exagère à ma manière mais je vais vous expliquer en quoi ce n'est pas si faux. On est le 10 décembre. Et je vais battre le record de distance parcourue en vingt-quatre heures, titre assez aléatoire qui tient beaucoup aux circonstances et à la chance. Je parcours 543 milles, près de 900 kilomètres, dans le laps de temps qui voit la Terre faire un petit tour sur elle-même. Je reprends la main sur Jean-Pierre Dick qui, le 1er décembre, avait descendu 502 milles.

Comme il y a dix jours, ces vingt-quatre heures nous ont vus les uns et les autres terroriser le speedo. Il faut du vent fort, stable et bien orienté. Il ne sert à rien d'aller vite si on ne se rapproche pas du but. Il faut une mer agréable, joliment ondulée, qui va dans le sens du vent, surtout pas une mer croisée, agitée par des dépressions passées. En général, cela se passe après une période de calme, en avant d'un front très actif. Cette fois, c'est du nord-ouest qui bombarde à 30-35 nœuds (55-65 km/h) et qui va tenir ce rythme sans faiblir, sans mollir ni exagérer, un très bon moment. Si les conditions dégénèrent, il faut réduire la toile. Si c'est un temps à grains, il faut prendre une marge de sécurité. Et si la direction du vent évolue, il faut adapter la voilure en conséquence.

L'idéal, c'est que rien ne bouge pour que tout avance. L'idéal, c'est que la mer soit raisonnablement cadencée, que ça pousse dans le bon sens et que rien ne casse.

Pendant toutes ces phases de performances démentes, je suis en veille ardente. Il n'y a pas grand-chose à faire. Il faut juste écouter vivre et vibrer le bateau. Guetter les signes émis par le safran, par la pale immergée sous le vent. Travailler à l'oreille et être prêt à relâcher la pression si le son se fait trop strident.

Pour assurer ce genre de veille auditive, on peut tout à fait rester allongé sur le pouf à l'intérieur, ou calé au fond du cockpit. On est là à regarder les trombes d'eau qui passent en une volée et qui font comme un rideau de douche à l'arrière de la casquette. Et quand la cascade se tarit, on a vue sur les belles vagues fumantes qui enflent en hippopotames dans le sillage. Il ne sert à rien de barrer. Le pilote automatique se débrouille très bien. Et c'est toujours une joie sans égale de voir le bateau se propulser allégrement, se positionner comme il faut dans la descente de vague et en sortir indemne et rayonnant alors qu'on n'a touché à rien. Tout le travail de réglage et d'optimisation fait en amont trouve là sa conclusion, son apogée.

Évidemment, quand on fait 22 nœuds de moyenne pendant vingt-quatre heures, avec des pointes à 30 nœuds, on reste aux aguets. La promenade n'est pas de santé. Même si l'inactivité est la preuve que tout va bien. L'attention est extrême. L'appréhension est maximale même si, parfois, il y a comme des bouffées d'exaltation devant la beauté d'un bateau qui va vite et bien, au cœur d'une nature foudroyante, féroce, farouche. Le bateau et moi, nous devenons acteurs de ce spectacle majeur qui se joue à guichets ouverts pour quelques albatros curieux. Il y a une fusion de l'excellence humaine et du génie mécanique pour passer à travers la fureur des mers. Ce sont des instants magiques, rares et précieux, qu'il faut chérir en conséquence et qui se paient le lendemain quand la fête est finie, que les lampions du bal sont éteints et qu'il faut réparer ce qui a cassé, vérifier ce qui n'a pas encore lâché et changer ce qui pourrait le faire.

Et là, le héros de la veille qui dominait son affaire à la romaine, vautré sur son lit d'orgie, redevient l'esclave de son outil, l'ouvrier spécialisé de sa continuité, l'agent d'entretien de son grand ami de 18 mètres de long, de son radeau de survie qui déplace plus de 7 tonnes. Il faut toujours quelqu'un qui range les lendemains de fête. Sauf que, à bord, ça ne peut être que moi. C'est-à-dire le même que celui qui a abusé des substances euphorisantes que sont l'écume en inhalations nasales ou l'adrénaline en patch.

L'arme fatale MDTK

Il y a une arme que j'ai gardée secrète avant le départ et que j'ai utilisée en douce, c'est ma trinquette de gros temps. Mich Desj en a été l'initiateur. J'en suis le continuateur et le développeur. Certains, comme Armel, ont préféré choisir des voiles de petit temps pour mieux se déhaler lors des phases de transition en Atlantique ou lors de soudains anticyclones quand les portes des glaces nous obligent à remonter dans des zones plus tempérées. J'ai préféré miser sur les conditions musclées. Cette MDTK, acronyme de « Mich Desj TrinKette », est une voile de portant qui permet d'accélérer dans les tempêtes et de stabiliser l'assiette du bateau. Sous-toilé, celui-ci fait la balançoire, s'arrêtant au sommet des vagues et hésitant à les dévaler. Surtoilé, il se couche, se vautre, donne du ballant au lieu de prendre son élan. Avec la MDTK, les mers du Sud deviennent des voies de gauche sur autoroute, avec le flanc extérieur du prototype soudé au rail de sécurité. Les autres sont encore sur des nationales bordées de platanes ou ne décollent pas de la bande d'arrêt d'urgence. Moi, j'accélère en toute bonhomie, ravi de mon allure guerrière et content de préserver dans ma soute à voiles l'autre trinquette qui me sera nécessaire en Atlantique pour remonter dans des conditions plus légères.

Armel

Avec Armel, nous avons beaucoup de points communs. Il a beau être un Breton de présalé né à Saint-Pol-de-Léon quand j'ai grandi dans une Charente à la douceur de beurre, il a lui aussi commencé par l'Optimist, avant de passer sur 420. C'est un même système de star academy nautique qui lui a mis le pied à l'étrier. Il a été skipper Crédit Agricole avant que je devienne skipper Espoir Région Bretagne, stricte continuité de projet même si l'intitulé évolue. Il a gagné deux solitaires du Figaro, quand je me suis contenté de faire deuxième, une fois (derrière lui !). Et il va faire deux fois deuxième au Vendée quand je vais gagner pour ma première levée

Ce pilier du pôle Finistère vit comme moi près de La Forêt-Fouesnant. Il réside à Gouesnach, le long de l'Odet où Tabarly avait lui aussi posé ses valises. Je connais sans doute mieux Nicolas Lunven, Fabien Delahaye ou Sébastien Josse avec qui j'ai partagé des colocations. Mais Armel est un bon copain. C'est quelqu'un d'un peu plus âgé, que j'aime bien et que j'admire. Pendant ce Vendée, sa femme Aurélie, mère de leurs deux enfants, a l'élégance de passer prendre des nouvelles d'Hugo et de sa mère, un peu esseulés et moins accoutumés à ces moments faits d'éloignement et d'anxiété pour ceux qui restent à terre. Sur l'eau, il ne lâche rien. Le « Chacal » fait honneur à son surnom, mais, une fois au port, il positive, qu'il ait gagné ou perdu. Il a du recul sur ce qu'il fait. Si ça se passe mal, il encaisse, accepte et passe à autre chose. Jamais je ne l'ai vu aigri. En 2009, au Figaro, il avait tout perdu sur une option à la côte du côté de Fécamp. Il était resté scotché alors qu'il aurait pu tirer les marrons du feu. Mais, dès le lendemain au bar, il semblait avoir déjà digéré la contrariété et ça avait l'air sans souci. Il se projetait déjà vers l'avenir. Il a l'esprit de compétition, mais il est bon perdant. Moi, aussi, j'avais eu du mal sur ce Figaro-là. Et je m'étais dit : « Prends-en de la graine ! Sois digne dans la défaite. Fais comme lui. »

Les derniers jours avant le départ du Vendée, aux Sables-d'Olonne, nous avions partagé le même ostéopathe. Ça crée des liens musclés et ça dénoue les tensions.

À touche-touche en jumeaux de bagarre

Le sport aime les duels. La voile, aussi, apprécie les affrontements. Sur le Vendée se jouent de magnifiques matchs.

Il y a eu le bras de fer gagné par Michel Desjoyeaux devant Ellen MacArthur en 2000. Il y a eu la course-poursuite remportée par Vincent Riou devant Jean Le Cam en 2004 – bagarre qui, en guise d'épilogue heureux, se doublera lors du Vendée 2008, d'un sauvetage de Jean par Vincent.

Cette fois, avec Armel, nous n'allons pas nous quitter pendant toute la traversée des mers du Sud. Nous allons jouter en jumeaux de bagarre du cap de Bonne-Espérance au cap Horn. Nous transformons l'océan Indien et l'océan Pacifique en baie de Quiberon ou en rade de Marseille. Nous miniaturisons ces deux espaces infinis, ces deux grandeurs métaphysiques, en ring de régate, en terrain de football de notre match hauturier. Il n'y a jamais plus de cinquante milles entre nous. Nous ne cessons de croiser nos routes comme on croise le fer, de nous tenir par la barbichette sans qu'aucun de nous puisse en rire. Nous nous surveillons en big brothers et nous nous comparons en permanence. Les bateaux se ressemblent. Ils sont dessinés par les mêmes architectes (VPLP-Verdier). Ils sortent du même moule et du même chantier (CDK). Ils sont nés à quelques mois de distance, Armel navigue sur l'aîné, moi sur le cadet. On s'est entraînés tous deux au pôle Finistère. On a acquis les mêmes réflexes, les mêmes pensées, les mêmes routines. Nous avons grosso modo les mêmes informations météo. Nous avons appris à les interpréter à l'identique. Nous connaissons les procédures de routage, les mécanismes opératoires. Donc, il est peu probable que l'un de nous va raturer ses circuits imprimés, tout envoyer bouler et choisir le chamboule-tout, juste pour rompre ce tango maritime, pour dissocier ce couple fusionnel.

Il ne me suit pas. Je ne l'imite pas. Et pourtant nous ne nous quittons pas. Nous sommes aussi rationnels l'un que l'autre. L'avantage de ce *mano a mano*, c'est qu'on a un bateau-test, un double de référence qui vous télexe des données en permanence. C'est la différence entre s'entraîner seul, faire du *shadow boxing* avec le vent, et avoir un opposant qui est aussi un partenaire, qui sert de point de repère.

On n'est pas à vue très souvent. Mais je relève Armel à l'AIS quasiment en permanence. L'AIS est une sorte de radar qui permet de repérer un autre navire distant de moins d'une vingtaine de milles (35-40 km). Tout au long des deux océans, je sais en instantané où il est, comment il se débrouille, ce qu'il fait. C'est assez sidérant comme dispositif. C'est à la fois stimulant et stressant. Mais c'est aussi une sécurité inespérée : je sais que si j'ai un problème grave, il sera sur zone dans l'heure. Et inversement. C'est inestimable comme certitude. D'autant plus quand on traverse des zones sans secours terrestres possibles.

En Atlantique, on croise souvent les routes des cargos, des pétroliers ou des chalutiers qui peuvent venir à la rescousse. On passe souvent pas trop loin de terres habitées d'où peuvent décoller des hélicos ou des avions. Mais il est des coins perdus où l'on est en autonomie totale. Si tu te casses un bras, t'as beau appeler le Samu, personne ne répondra. Tu es bon pour souffrir. Ou, plutôt, il te reste à te fabriquer une attelle, à te gaver d'antidouleurs et à mettre le cap sur la première escale qui peut être à des semaines de navigation pour un skipper blessé. Parfois, c'est pire qu'un bras cassé. Yann Eliès en sait quelque chose. Et il est alors bon d'avoir le secours d'un concurrent qui passe dans les environs. Sur le Vendée, vu les vents dominants, mieux vaut être en tête de course. Et l'idéal est d'avoir un SOS Médecins doublé d'un hospitalier sauveteur breton qui fonctionne en doublette et ne vous quitte pas d'une semelle. C'est notre cas, à Armel et à moi.

Les îles d'utopie

Ce Vendée est assez raisonnable au niveau météo. Les tempêtes extrêmes ne défilent pas en rangs serrés. Il faut dire que la vélocité de nos bateaux nous permet de négocier notre positionnement par rapport aux fronts dépressionnaires. Seule l'obligation qui nous est faite de passer les portes de glaces peut compliquer la donne. C'est au sud de la Nouvelle-Zélande que je me prends la plus belle brassée. L'anémomètre pointe à 58 nœuds. Je suis vent arrière sous deux ris et J3.

Quand ça souffle ainsi, il faut prendre son temps, s'éviter les manœuvres et croiser les doigts pour que tout tienne, le moindre accroc pouvant déclencher des réactions en chaîne. Je suis en approche de l'île Auckland. Pas question d'effectuer un empannage, si je peux m'en dispenser. De toute façon, en mer, le danger c'est la terre. Au large, on arrive généralement à négocier avec le vent et la mer. C'est quand on s'approche des côtes que cela devient délicat. J'aimerais passer assez au large car la forme montagneuse de l'île crée un effet Venturi qui accélère les rafales. De plus, les cartes indiquent qu'y prospèrent des champs d'algues. Je n'ai aucune envie de m'enrouler dans ces lianes marines.

J'évite sans trop de difficultés l'île. Ce qui ne m'empêche pas de saluer le souvenir d'Yves Parlier qui avait failli s'y arrêter. Je crois qu'il était remonté un peu plus haut pour réparer son bateau blessé lors du Vendée 2000. Il avait démâté alors qu'il était dans le trio de tête. D'habitude, un marin touché par un tel coup du sort n'a qu'une envie : aller cacher son désarroi dans le port le plus proche, mais Yves trouve une baie accueillante. L'ingénieur en composites de formation y protège son bateau.

Le règlement du Vendée permet au marin d'évoluer sur la plage découverte par la marée, mais il n'a pas le droit de s'aventurer au-delà de la limite des plus hautes mers. Un peu comme dans un récit de Jack London, le sportif reconverti aventurier mène à bien son opération. Le Robinson du Pacifique assemble un radeau et remonte une rivière pour faire provision d'eau douce. Façon Mc Gyver, Parlier réussit à fabriquer un four, pour manchonner un mât raccourci. Il établit un nouveau gréement et repart ! Souffrant de la faim car les cambuses de nos bateaux allégés n'emportent pas beaucoup de plats en surnombre, il ramasse des algues, se nourrit tant bien que mal mais parvient à terminer la course !

Cette histoire m'a fasciné et me fascine toujours. Elle fait partie de l'esprit du Vendée. Au-delà de la performance technique, elle illustre la somme des savoirs nécessaires et la capacité à revenir à bon port en totale autonomie.

Je ne sais pas si je serais capable d'en faire autant. Je veux l'espérer. En tout cas, je voue une admiration sans bornes à Yves Parlier. Et je m'inscris en faux contre les grognons qui, à l'époque, lui ont reproché de voler la vedette aux autres compétiteurs. Parlier a donné une dimension inégalée de courage et d'inventivité à ce tour du monde.

20

Le cap dur

La rupture de Noël

Je ne suis pas très Noël. Cela ne me dérange pas de zapper ces moments festifs un peu trop conventionnels à mon goût, qui se transforment en périodes de surconsommation adipeuse, de distributions de cadeaux à tout-va, dépourvues parfois d'implication affective réelle.

Pour les enfants, l'instant est extraordinaire et j'ai évidemment un plaisir fou à partager cela avec les plus petits. Mais trop souvent les adultes perdent la magie originelle.

Sur le Vendée, la période de Noël est généralement un moment difficile. On finit l'Indien pour les retardataires ou on commence le Pacifique pour la tête de flotte. On fatigue des secousses engrangées, des angoisses surmontées, des pannes réparées. Les bateaux arrivent au point de rupture, les hommes aussi. C'est souvent à Noël que les drames se produisent. Thierry Dubois en sait quelque chose, tout comme Yann Eliès.

Noël est la période où l'éloignement est le plus grand entre les marins et la terre. C'est le moment où les états d'esprit divergent le plus. On est aux antipodes les uns des autres. Géographiquement bien sûr, mais émotionnellement surtout. D'un côté, il y a les préparatifs de dinde aux marrons et la chaleur des familles réunies. Il y a ce vœu un peu artificiel d'amour universel, de paix aux hommes de bonne volonté, d'il est né le divin enfant. De l'autre, il y a les tempêtes d'épuisement, les houles d'agressivité, les nuages de contrariétés. On approche du point de rupture, au moment où la gaieté des débuts se dilue dans la répétition des peurs. Il y a cette crainte permanente qu'il devient difficile de tenir en respect. Il y a ce besoin de respirer un air moins chargé en humidité, cette envie d'évoluer dans une atmosphère moins plombée, moins déprimante.

Et c'est à cet instant que les médias qui n'ont rien à se mettre sous la dent veulent à toute force nous ramener au pied du sapin, à l'heure du festin, à ce temps des câlins généralisés. Tout cela me paraît ridicule, vain, idiot. J'ai juste envie de couper la liaison.

Le 25 décembre 2012 est un mauvais jour. Ça tape beaucoup. Je suis requis par du bricolage. C'est une journée comme les autres, mais en plus dure. Je n'appelle personne. Je n'ouvre pas le petit sac préparé pour l'occasion. J'imagine qu'à terre, les gens sont un peu vexés. À leur place, je serais sans doute dans les mêmes dispositions. Ils comprennent mal que je n'aie pas une minute pour penser à ça, à eux. Ils ne se rendent pas compte que cela ne m'est pas possible, que je n'ai pas le choix. J'attendrai une accalmie pour sacrifier à ce rituel. En fait, le seul avec lequel j'ai quelque chose à partager, c'est Armel.

On vit la même chose, on a les mêmes problèmes. On aurait pu ouvrir nos cadeaux ensemble. J'ai pensé à lui proposer de décréter une trêve des confiseurs. On aurait fait comme les soldats de la guerre de 14. On serait sortis de nos tranchées et on aurait fraternisé. On aurait gelé les hostilités, on aurait ralenti notablement nos engins. À défaut de pouvoir se recevoir chez l'un ou chez l'autre, on se serait mis à portée de VHF et on aurait discuté. On aurait organisé un dîner de gala océanique qu'on aurait mangé chacun chez soi, mais ensemble, à vue, à un ou deux milles de distance. Et puis, le lendemain matin, on aurait remis la gomme. On est dans le Pacifique, près de la porte ouest. On est à touche-touche. Je pense à lui proposer ça. Évidemment, je n'en fais rien.

Craquage

Le journal de bord vidéo est une sorte de miroir que je tends à ma fatigue, à mes doutes, à mes espoirs. Je m'y astreins quotidiennement, afin d'emplir la musette du réalisateur du documentaire prévu. Ce jour-là, on est en approche du Horn. Je suis à la fois éreinté et heureux, lessivé et fier d'en être arrivé là. Je suis partagé entre deux émotions. Je me congratule d'avoir mis la barre aussi haut, d'être encore en tête, d'avoir traversé beaucoup plus de difficultés que je n'en laisse paraître. Il y a comme une forme de soulagement de m'être montré au niveau des attentes. J'imagine l'état de délabrement mental dans lequel je serais si j'avais failli perdre ma quille dès le départ comme Marc Guillemot, si j'avais été percuté par un chalutier près du Portugal comme

Kito de Pavant, si j'avais cogné une bouée métallique à la dérive près du Brésil comme Vincent Riou. Je tire gloire d'avoir surmonté tout cela, et, d'un autre côté, j'ai beau faire le fier, l'épuisement guette. Il est caché dans la soute avant où les voiles étirent leurs tissus fatigués. Il gîte au fond des sacs plastique qui contiennent ma ration alimentaire du jour. Il niche à l'intérieur du pouf qui me sert de fauteuil et de matelas à la fois.

Je me plante devant la caméra. Je commence à parler, à dire où j'en suis. Je fonds en larmes. J'éteins par pudeur. Je rallume. Tant pis ! On verra bien ce que je ferai de tout ça. De toute façon, c'est à moi. De toute façon, c'est moi. C'est moi, en ce jour de décembre 2012, au tréfonds des mers australes, avec encore un dernier cap à passer, une remontée de l'Atlantique à venir. Je suis à la fois perché sur un petit nuage de fierté et tombé au fond d'un trou de fatigue. L'émotion est tellement grande. La vie est tellement intense.

Réseaux sociaux en solo

Désolé, je fais encore partie des jeunes, de cette fameuse génération Y… Et avant que mes cheveux virent au blanc, j'ai *a priori* un peu de marge. Je ne suis pas un *digital native*, mais quasi. J'ai ouvert ma page Facebook à vingt-quatre ans. Cela permet de retrouver des copains d'enfance, d'échanger avec le monde entier et de suivre l'actu. J'ai ensuite créé mes comptes Twitter et Instagram, tout naturellement. Je ne suis pas un geek, mais je n'ai aucune difficulté avec la chose numérique.

Pendant le Vendée, j'utilise surtout Twitter. C'est facile et, surtout, ça ne consomme pas trop de bande passante Internet. C'est un mode de connexion avec la terre et surtout un outil nécessaire à la performance parce que, sur le Vendée aussi, il y a une guerre de l'information. Les vacations radio du PC course où les marins sont tenus de donner de la voix régulièrement sont cruciales. Elles fournissent des faits matériels mais surtout des impressions, des perspectives, des sentiments. Lesquels peuvent aider à décrypter les états d'âme de la concurrence.

Jean-Paul Roux me fait un résumé de la vacation du jour par mail. Mais, via Twitter, j'ai déjà les grandes lignes de ce qui s'est dit sur les ondes. Twitter me permet également de rester connecté à l'actualité du monde. Je suis les élections américaines. Je me réjouis du succès d'Obama. Je reçois les tweets du journal *Le Monde*. La différence, c'est que je me contente des faits bruts. Je n'ai plus le temps d'interagir avec les autres. Je ne commente pas, je ne chatte pas. Facebook est beaucoup plus gourmand en data. Je m'interdis d'y aller trop souvent. Il s'agit aussi de rester vissé à mon histoire, de ne pas me laisser distraire par du relationnel qui parfois perfore la concentration.

Aujourd'hui, on croit qu'on reste connecté en permanence, même depuis les antipodes, même depuis ces zones perdues du Pacifique sud, même quand on écrème 50 nœuds de vent et que ça hurle dans les haubans. C'est à la fois vrai et faux. C'est vrai techniquement. Tant que tout fonctionne, on va comme on veut à la pêche dans les flux d'infos qui circulent sur Internet. Mais petit à petit, on resserre la nasse, on ne jette plus le filet à l'aveugle. On se concentre sur les prises indispensables, sur l'unique objet de nos désirs : les prévisions météo, les nouvelles de la concurrence. Au fur et à mesure, les problématiques marines n'ont plus rien à voir avec les logiques terriennes. Le fossé s'élargit. On entre comme par inadvertance dans une solitude choisie et obligée. Ce n'est ni agréable ni désagréable. On finit par se tourner vers soi, par ne plus se soucier que de son nombril et de son bateau. Si j'ai un ennui après vingt-quatre heures de course, il est certain que les conseils de mon équipe seront primordiaux. Au bout de cinquante jours, je connais ma machine mieux que tout le monde.

Internet et les communications par satellite, Inmarsat et les réseaux sociaux font croire que l'on est ici et là-bas, que l'on bénéficie d'un don d'ubiquité. C'est vrai, en ce sens que c'est toujours activable. Mais la déconnexion gagne. Les avis extérieurs s'éloignent. Je me mets à penser par moi-même, sans retour immédiat ni critique instantanée, sans LOL moqueur, ni TKT (t'inquiète !) farceur. Je me connais mieux. Je me désenglue de la pesanteur sociale. J'ai moins peur d'affirmer ma singularité. Je sais vivre en société. Mais je suis certain que cette expérience extrême m'a donné de la confiance et de la pertinence. Et qu'il faut, parfois, savoir ne compter que sur soi-même.

1er janvier glaçant

Le Horn s'annonce. Les distances ne sont plus ce qu'elles étaient. Voici une semaine, j'entamais la traversée du plus grand océan de la planète et on pourrait croire que c'est déjà terminé. Sauf que ça pourrait très mal se finir. 2012 est une année à glaçons et les perspectives sont glaçantes. L'Antarctique en débâcle expédie ses gros bunkers bleuâtres vers la péninsule sud-américaine. Des icebergs se baladent autour du cap Horn. L'armée chilienne a repéré un iceberg échoué sur une île au large de la Terre de Feu. Pour l'approche, je vais remonter au maximum et passer à ras du cap. C'est ensuite que ça se complique. La prudence commande d'emprunter le détroit de Lemaire, histoire de rester toujours au plus près de la terre échauffée qui fait fondre le froid. En revanche, le routage météo conseille de virer au large de l'île des États, au risque de tamponner un de ces tueurs craquelés.

J'hésite. Je tergiverse. J'ai 30, 40 milles d'avance sur Armel. Je ne le vois plus à l'AIS. Il aurait tout intérêt à passer à l'extérieur, mais va-t-il prendre le risque ? Je songe vaguement à négocier avec lui, à faire un *gentleman agreement* au nom de la sécurité. Mais je ne pousse pas plus loin l'idée. Il faudrait que la direction de course décide d'imposer à tout le monde le passage par le détroit de Lemaire. L'ennui c'est que ça peut se révéler compliqué pour les autres, si la météo change.

La nuit approche. Le dernier classement va tomber à 20 heures. Il n'y aura plus de classement avant l'aube. À moi de choisir, sans savoir ce que mon poursuivant va faire. C'est la décision la plus difficile à prendre de tout le Vendée. La sécurité ou la gagne ? Je choisis de passer par le détroit de Lemaire. J'appelle mes parents pour les rassurer. Mon père est assez avisé des choses maritimes pour évaluer le danger. Et j'en profite pour leur souhaiter la bonne année ! La nuit du doute débute. Je prends des algues. Il faut arrêter le bateau pour faire marche arrière. Ce qui n'est jamais évident. En plus, il y a un fort marnage. Le courant de marée est contre moi. Je refoule 6 nœuds. Un peu comme si j'attaquais à l'envers le raz Blanchard ou le raz de Sein. C'est comme si tout se liguait contre moi, comme si les contrariétés s'accumulaient. Et tandis que le Horn s'éloigne déjà dans le sillage, je remonte le détroit de Lemaire, la mort dans l'âme.

Je suis certain qu'Armel va passer outre, se faufiler entre les dangers et engranger la rotation des vents qui pourrait lui donner douze à quinze heures d'une avance irrémédiable, quand je ne compte qu'un avantage de deux heures sur lui aux deux tiers du parcours. Je me fais un sang d'encre. Je me pardonne mal d'avoir joué petit bras. Je me convaincs que c'est fini, que ma chance est passée, que le Vendée est perdu. J'attends avec une impatience fataliste, doublée d'un désespoir achevé, le classement du petit matin. Et là, je découvre qu'il me suit, que lui aussi passe sous l'île des États et que je suis toujours en tête.

21

Remontée angoissée

Je suis endurant

Dans les mers du Sud, il faut négocier des vents forts et des houles puissantes, il faut résister à l'agression des éléments et surtout garder en état un bateau qui est le compagnon de route, le frère d'armes. C'est une période violente, très physique, où les coups de grisou peuvent vous saper le moral pendant quelques heures même si les sensations sont exaltantes. La remontée de l'Atlantique sud est une épreuve d'un autre ordre. Les pièges sont plus disséminés, moins évidents, plus sucrés. Mais les conséquences peuvent être autrement fatales. On peut tomber dans un trou de vent, se prendre un franchissement de dorsale sur le dos, se faire secouer par un grain inattendu. Et tout perdre sans avoir rien vu venir.

Tout commence au mieux pour moi. Juste après l'île des États, Armel a des soucis de gennaker. Je lui prends rapidement de la distance. Ensuite, je me décale vers l'est. L'option est payante, le vent me sourit, j'ai de la réussite. Je compte jusqu'à 250 milles d'avance. Comme souvent, ça joue l'accordéon. Je pars. L'élastique se tend. Il revient. Et le bal musette au rythme caoutchouteux se poursuit, même si j'ai constitué une belle cagnotte d'avance, la plus copieuse jamais réalisée depuis le début de cet affrontement collé-serré. L'alizé ne présente pas sa facilité habituelle. Il manque de constance, de régularité. Il s'anime, s'ennuie, se défile, se regonfle, se détend. La vigilance demandée est d'autant plus crève-paillasse que l'incertitude règne, qu'on ne peut rien anticiper.

Je découvre que je suis assez guerrier. Je ne lâche rien. La fatigue a beau s'accumuler, je fais face. Je suis en tête-à-tête avec moi-même et ma résistance me surprend. Je m'aperçois que je ne me passe rien, que je peux me maltraiter sans partir en vrille, que je domine mon histoire sans vouloir la réécrire jamais. Plus ça va, plus je suis bon. Je ressemble à un marathonien qui se sentirait mieux après le mur des trente kilomètres. Je suis allé chercher la difficulté. Je suis allé voir ce que je valais, au risque du masochisme. Je constate que je suis un endurant, que je suis un persévérant. Pas une seule fois, je ne suis passé de l'autre côté du cheval. Rien ne m'a encore désarçonné. Je resserre les sangles, je bride les courroies et je ne dors que le strict minimum.

Com' ci, com' ça

La terre a des exigences qui, petit à petit, finissent par paraître irréelles. Les médias sont dans l'excès. Soit ils ne s'intéressent pas à vous et on ne comprend pas toujours d'où vient ce manque d'envie. Soit ils sont d'une voracité pulsionnelle. Il leur faut tout, tout de suite, n'importe comment, immédiatement. Et ils sont d'une exigence féroce, avant que, repus, ils ne se jettent sur une nouvelle proie qu'ils abandonneront aussitôt rassasiés.

Je suis conscient des enjeux. Je ne joue pas les divas mutiques, l'époque ne s'y prête plus. Mon sponsor, qui est aussi mon investisseur, arme un bateau pour que je fasse parler de lui, pour que j'incarne son entreprise. Le deal est clair et il me convient. Je crois être plutôt un bon client. Quand je sais à qui j'ai affaire et ce qu'on veut de moi, quand j'ai accepté, je me mets en mode action. Je réponds, je détaille, je précise. J'y mets de l'empathie, de l'enthousiasme et du sourire. J'aime partager ce qui me passionne. Parfois, en mer, c'est beaucoup plus compliqué. On est le seul sport où, pendant l'épreuve, il faut se faire le caméraman de soi-même et le commentateur de ses actions.

Le problème, c'est que la voile, qui a longtemps appartenu à un monde aventureux où les temps de répit étaient nombreux, a gagné en intensité. Ajoutez à cela que les supports et les relais se sont multipliés. Et vous comprendrez qu'il est des moments où l'on sature. Et où l'on a juste envie de se taire, de se concentrer sur sa régate, de soigner son routage météo. En moyenne, sur le Vendée, la communication me prend presque une heure par jour. Je fais un point en interne pour la Macif tous les deux jours. Je fais un point médias avec le service de presse presque tous les jours. Et puis il y a les demandes particulières que j'essaie de satisfaire. Mais, au moment de l'entrée dans l'océan Pacifique, j'ai commencé à prendre de la distance. J'ai mis la pédale douce. Maintenant que l'arrivée approche, le déferlement reprend. Le fait que je sois en passe de gagner alors que je suis novice sur cette course excite la curiosité. Les sollicitations ne font qu'augmenter alors que ma capacité à répondre diminue.

La veille de ma victoire, mon équipe me protège grâce à un black-out de vingt-quatre heures quasi complet. Il faut mettre une sourdine au fracas des médias, éviter la saturation. Il faut aussi et surtout que je me concentre sur le bateau, sur cette précieuse fin de course. Que je puisse faire descendre la température, que je recolle les morceaux de mon cerveau qui voyage trop d'ici à là-bas, de la mer à la terre, de la course à l'après-coup. Je ne veux pas me projeter dans l'irréalité d'un succès pas encore assuré. Je ne veux pas quitter le bord en pensée pour fanfaronner d'avance sur les pontons des Sables-d'Olonne. Je ne veux pas abandonner ce bateau à qui je dois tant, qui me parle à l'oreille, tout ça pour me laisser bercer par la cacophonie des sirènes de la renommée.

Dernière nuit

La remontée de l'Atlantique nord s'est bien passée. L'anticyclone des Açores s'est tenu sagement à sa place. Il n'a pas englué la flotte dans sa mollesse. Il fallait passer à l'ouest de ce fournisseur de douceur. Pour Armel, il n'y avait pas le moindre coup de Trafalgar à jouer. La course de petits chevaux s'est poursuivie avec ces oscillations naturelles liées aux gradients météo, à la valse des isobares, aux aléas venteux qui se succèdent sans changer les grandes lignes du propos et la hiérarchie du classement. Le vent est fort. Il me ramène vers les côtes françaises, vers la Vendée d'où je suis parti voici presque trois mois, vers la Charente où j'ai grandi voici vingt ans, vers la France qui a fini par se passionner pour des marins que ce pays de paysans a longtemps regardés comme des fous, des poètes ou des trépanés de l'appartenance. Le pays a même fini par se les approprier et ils seront nombreux, en bottes et ciré, à venir le crier sur les jetées des Sables-d'Olonne.

Il y a 35-40 nœuds lorsque Macif aborde le plateau continental. C'est un front dépressionnaire assez violent, de ceux qui font frissonner les hivers des régions tempérées. J'ai assez d'avance pour réduire sacrément la voilure. Je suis au portant avec deux ris dans la grand-voile. Devant, j'ai mis pour la dernière fois ma MDTK, la trinquette fétiche qui m'a porté dans les grands déserts maritimes des antipodes. La mer est abrupte, casse-gueule. Et surtout, le trafic s'intensifie. Les chalutiers traînent leurs herses à poissons à leur convenance. Les cargos se dispersent en sortie de rail, allant où les poussent les lois du commerce et du cabotage. Je suis aux aguets, Indien tapi dans son tipi, la main en visière et l'AIS en recherche maximale. Je scrute l'obscurité, je crains le pire à mesure que la délivrance approche. Je n'ai pas le droit à l'erreur. Je ne dors pas et cela ajoute à ma totale déconnexion. J'en ai presque fini et je n'ai jamais été aussi concentré sur ma tâche. Je ne me projette pas une seconde dans l'après. Je ne me vois pas gagner, je ne me vois pas arriver, je ne me vois pas triompher. Je ne profite de rien, je ne me fais pas plaisir, je ne reviens pas avec complaisance sur la vigueur de mon parcours. Je guette l'ennemi qui peut surgir à tout moment. Ce n'est vraiment pas un moment de félicité et de bonheur. L'angoisse est tortueuse, forte et vicieuse.

Premiers visages

Au petit matin, je capte à nouveau un écho à l'AIS. Je me dis : « Mince, encore un pêcheur. » La route de collision se confirme. Je lofe pour m'écarter de ce fâcheux. Au radar, la trajectoire du bateau s'incurve, comme s'il cherchait à me couler… « Mais qu'est-ce qu'il fait, ce con ? » Et puis je comprends que ce sont des gens qui viennent à ma rencontre, que la terre s'invite au large pour me saluer, que la famille et l'amitié sont au rendez-vous d'une attente qui me surprend par sa soudaineté, par son étrangeté. Dans le gris sali de l'aube, je peine à sortir de ma bulle blindée de concentration. Je suis comme un animal sauvage à l'orée de sa forêt qui tombe en arrêt devant les chasseurs d'un safari photo. Ils ne me veulent aucun mal mais je les regarde comme s'ils sortaient de nulle part et pouvaient constituer une menace. Je suis assez laconique à la VHF, je ne me sens pas en état de bavarder. L'exultation et la relaxation attendront. Il me faut quelques minutes pour distinguer des têtes connues. Mon père est là, Mich Desj aussi. Ce sont les premiers visages que je distingue vaguement. Depuis trois mois, je n'ai pas vu face humaine. Ce qui n'est pas donné à grand monde au cours d'une vie. Même les cosmonautes sont satellisés en équipe.

Cette présence de l'autre est une constante de la vie en société. Cette présentation recommencée du semblable à visage découvert est un marqueur de civilisation. Il reste qui sur cette toute petite planète interconnectée et grillagée de vols low-cost pour ne croiser personne pendant un trimestre ? Les prisonniers ont affaire à des geôliers. Les malades sous tente stérile voient passer des blouses blanches. Les bergers en estive finissent bien par tomber sur des promeneurs. Il reste qui ? Un ermite oublié dans sa grotte. Un reclus parano enfermé dans sa folie agoraphobe. Un transhumant perdu dans le désert et tombé par chance sur une oasis oubliée.

Sinon, il y a nous, les marins du Vendée Globe. Et on a beau ne jamais rompre les liens avec la société, ni le contact avec l'actualité, on a beau avoir des milliers d'images à disposition, cela n'a rien à voir avec la rencontre réelle avec un humain à bouille ronde qui nous ressemble.

Bouée Nouch Sud

Un arrêté préfectoral interdit toute sortie, par crainte que les embarcations se fassent bousculer par la tempête. La vedette sur laquelle ont pris place Mich et mon père est sortie en pleine nuit, avant que l'interdit soit édicté. Le coup de vent s'affadit. Je reste sous-toilé. Le vent est plein portant et pourtant, je garde le J1 devant au lieu d'envoyer un spi. La mer reste grosse. Le bateau se laisse ballotter. Je fais assaut de prudence. En approche des Sables, je vérifie où en est Armel. Il continue à pousser les feux, il ne se prive pas de revenir sur moi. Mais il est trop loin, il n'y a aucun risque. Pourtant, je me place entre lui et l'arrivée, comme on le fait en dériveur afin de parer à toute stratégie de contournement. Je remonte petit à petit les bateaux suiveurs qui ont pu quitter les abris. Je reste englouti dans ma détermination que rien ne peut venir troubler. La bouée Nouch Sud se situe par 46° 28' nord et 1° 47' ouest. Je coupe le fil imaginaire à 15 h 17. La ligne est passée, il ne peut plus rien m'arriver ! Le relâchement est immédiat, bref et radical. Le soulagement est énorme.

Tout devient flou. L'équipe technique monte à bord. Il y a Antoine, Clément, Seb, Jimmy. Pendant soixante-dix-huit jours, j'ai tout fait tout seul et là mon bateau n'a plus besoin de moi, plus personne n'a besoin de moi. Ils sont à fond, trop heureux de cette victoire qui est aussi la leur, ravis de me décharger des tâches les plus mineures. Alors je me retrouve les bras ballants. Je m'assieds, je laisse faire, je plane mollement dans des nuages rosis par le plaisir inattendu qui me tombe enfin dessus. Je me contente de saluer alentour, de répondre aux vivats, de me laisser happer par le spectacle du carrousel nautique. On me branche un micro HF. Les caméras se tiennent tranquillement dans le cockpit. On arrive en eaux calmes dans le chenal des Sables. Je me retrouve seul à l'avant du bateau, me tenant aux focs enroulés. Je n'ai plus rien à faire. Ce sont les Sablais qui font tout, qui me font fête. Je deviens spectateur de moi-même. Je laisse aller, je laisse venir à moi cette houle d'acclamations qui me chavire doucement.

Plus personne ne me parle dans l'oreillette. La voix d'une cantatrice entonne l'*Ave Maria* de Schubert. J'avais parlé de ce morceau lors d'une interview avant la course. L'équipe de communication Macif et son agence Windreport savent bien faire les choses. Entre port de pêche et marinas, la voix s'élève dans l'après-midi d'un dimanche de partage heureux. C'est un peu trop fort en émotion pour un petit bonhomme qui sort de soixante-dix-huit jours de mer, qui n'a pas dormi la nuit dernière et qui ne réfléchit pas une seconde à savoir s'il connaîtra à nouveau des moments aussi forts, aussi parfaits, aussi somptueux.

22

Y a plus de tangage, y a plus de roulis

Hugo a doublé

Le ponton tangue. Le champagne asperge. Les bravos crépitent. Il y a le podium, les interviews pour les télés et les radios. Je ne maîtrise plus rien. Je me laisse porter. Avant la conférence de presse, je réussis à avoir quelques minutes de calme avec la famille dans une pièce réservée. Hugo est là. Il a onze mois. Il a doublé. Il me sourit et vient vers moi mais ne dit rien. Son œil malicieux me dévisage, l'air de dire : « Attends, toi, je te connais… » Il a grandi. Il marche à quatre pattes à toute vitesse. Parfois, il se dresse debout en se tenant aux chaises, oscille d'un pied sur l'autre. La table basse est farcie de nourriture. Il se régale. Je ne mange rien.

Un médecin est là qui me pèse, me fait une prise de sang. Ce n'est pas un contrôle antidopage, dommage. C'est dans le cadre d'une étude de médecine sur les marins au long cours. Puis j'enchaîne : conférence de presse, directs télé... Je suis en pilotage automatique, en mode magnéto. Je me répète sans m'en soucier. J'use des mêmes formules, celles qui me viennent et que je sers à la volée. Je rejoins un appartement réservé sur le port. Je prends une douche, la première depuis trois mois. Finis les seaux d'eau de mer des zones tropicales et les lingettes des zones froides. Je m'habille en civil après des jours de sous-vêtements polaires.

Armel Le Cléac'h arrive. Je réussis à lui sauter dessus dans un coin tranquille, sans qu'il y ait la foule des grands jours à nous entourer, à nous harceler. Il est beaucoup plus frais que moi. Il a dû dormir la dernière nuit. Il savait qu'il n'y avait plus grand-chose à espérer. Ses félicitations sonnent clair. Il a l'air de bien prendre les choses. J'espère que j'aurais eu la même élégance si j'avais terminé à la deuxième place. Et cela pour la deuxième fois... Une fête commune Macif-Banque populaire est organisée pour le soir. Armel pète la forme. Il va danser, s'amuser et faire la fermeture. Moi, je suis un zombie complet. Trois mille personnes défilent. Je ne sais plus qui est qui. Je ne sais plus où j'habite. Je ne sais plus comment je m'appelle. Je reste une heure et on me met au lit.

Première nuit à terre

Je m'écroule à 23 heures et je me réveille le lendemain vers 7 heures et demie, 8 heures. Voilà une nuit des plus classiques, celle d'un Français de tous les jours, accomplie en toute bonhomie, sans redressage somnambule dans le noir, avec reptation sur la moquette comme sur un pont balayé par les vagues pour aller prendre un ris dans le rideau de douche. Je sors de soixante-dix-huit jours de sommeil haché, de micro-siestes avec un bas de ciré en guise de pantalon de pyjama. Et je me retrouve sur un matelas douillet, dans une pénombre ouatée. Le silence est un accompagnement surprenant quand j'ai eu l'oreille aux aguets en sentinelle du raffut permanent du bateau et la fausse note de l'orchestre nautique qui déclenchait l'alarme et m'obligeait à sauter dans les bottes que je gardais toujours aux pieds en pompier de l'incendie de ma caserne embarquée.

J'ai cette capacité à passer d'un registre à l'autre. Je suis tout à mon affaire maritime, veilleur aux merveilles océaniques, compteur de moutons blancs au sommet des vagues afin de ne jamais m'endormir. Et puis voilà que je m'endors pour le compte sans demander mon reste sitôt la terre touchée et le lit défait. Je sais bien qu'il va me falloir presque une année pour honorer cette dette et rembourser Morphée. La récupération sera lente et longue. Mais ce premier moment sous couette se passe idéalement. Sans sursaut, ni agitation particulière. Au matin, il y a un instant de plénitude comme je n'en ai jamais connu. Je suis assis tranquillement et rien ne bouge autour de moi. Je bois mon thé posément, sans avoir peur de m'ébouillanter. Le liquide chaud est étal à la surface du bol. Je n'ai pas à me caler du coude contre les cloisons, à me servir de mes genoux comme d'airbags.

Et je peux regarder tranquillement dormir mon fils, dans un petit lit que rien ne vient bousculer, pas même le bercement de la houle d'après tempête, ni le balancé du hamac pendant les calmes blancs. Hugo se réveille, me regarde et me sourit. Il me reconnaît. Il sait parfaitement qui je suis. Cela se voit dans ses yeux. La pudeur de la veille a disparu. Un câlin du matin comme aucun autre au monde.

Photos de famille

Les médias sont dans une demande grandiloquente. Ils veulent tout et son contraire, moi et tout ce qui m'entoure, moi et moi encore. Je laisse aller. Je fais confiance à l'équipe de communication autour de moi. À Aline Bourgeois qui m'accompagne depuis longtemps et à Stéphanie André venue en renfort. Ma famille se retrouve sollicitée. Je ne leur interdis rien, je ne les oblige à rien. Ils peuvent se tenir en retrait s'ils le souhaitent et je le comprendrais très bien. Ce n'est pas de leur métier qu'il s'agit. Ils peuvent souhaiter ne pas exposer leur image en place publique. J'enchaîne les interviews sans trop savoir à qui je parle et pourquoi. *Paris Match* se propose de faire une séance photo en famille. Je ne suis pas spécialement fan de ce genre de mise en scène. Je préfère garder mon jardin secret. Mais je donne les clés à mon entourage qui a l'air de mieux savoir que moi ce que je dois faire. Je me laisse porter. Je fais ce qu'on me dit. Je crois que j'en ai besoin aussi… Nous nous retrouvons sur un rocher avec la mer qui monte et le photographe qui tourne autour de nous et manque de passer à l'eau. Je me sens un peu emprunté dans ce rôle de composition. Mais pourquoi s'inquiéter ? Si cela peut faire plaisir, je ne vais pas me braquer. Je n'ai pas de rapport particulier avec mon image. Ni détestation de mon reflet quand je me vois en photo. Ni adulation de ma silhouette quand je fais la couverture d'un magazine. J'hésite entre indifférence personnelle et satisfaction professionnelle. Mes sponsors sont contents de cette exposition générale. Et c'est bien normal. Alors, si cela leur va, cela me va aussi.

Notoriété

Après ce lundi d'arrivée consacré aux médias qui ont fait le déplacement aux Sables-d'Olonne, je rentre le mardi à Port-la-Forêt pour reprendre mes marques, rapporter mes affaires, lancer des machines à laver et profiter de la maison et de la famille. Le téléphone sonne sans cesse, mais cela tinte allégrement à mes oreilles. Comme je ne réponds pas, je finis par l'éteindre. Je flotte dans un espace saturé de facilité. La journée est décrétée off. On va marcher le long de la mer. C'est agréable et précieux à la fois, c'est doux et mollement irréel. Je n'en reviens toujours pas d'en avoir fini avec un tel état de mobilisation générale de tous les sens, de mise sur le pied de guerre de tous mes instincts, vingt-quatre heures sur vingt-quatre. Et me voilà tranquille à avancer lentement sur un petit sentier côtier, le long de la vasière, passant devant les viviers et les marchands d'huîtres, jetant un œil amusé au ballet des oiseaux de mer, regardant de loin danser les bateaux de pêche-promenade au mouillage.

Ces moments de paix vont être rares, désormais. Dès que j'apparais, cela déclenche des réactions qui me sidèrent et que jamais je n'aurais imaginé provoquer. Avant le Vendée, personne ne faisait attention à moi. Les connaisseurs me saluaient de loin, d'un clin d'œil, ou venaient discuter cinq minutes s'ils me sentaient disponible ou si eux-mêmes n'avaient rien de mieux à faire. Cela n'a plus rien à voir. Sur les quais de la Chaume, le port de pêche en face des Sables-d'Olonne, quand ils m'aperçoivent, les gens m'observent, se poussent du coude et se mettent à applaudir. J'étais un humain lambda, un jeune adulte à l'allure passe-partout, en jean et blouson. Me voilà devenu immédiatement identifiable. Tout le monde repère de loin mes cheveux blonds, mon regard bleu et ma silhouette rapide et pressée. Je deviens instantanément l'objet de la curiosité des gens, celle-ci se décline en familiarité heureuse et reconnaissante bien plus qu'en agressivité dégradante. Dans les restos, les dîneurs se lèvent pour me faire une ovation. Les jeunes filles comme les mamies veulent que je leur fasse la bise. Les voileux adorent refaire la course, se souvenant mieux que moi des bords que j'ai tirés et des conditions météo rencontrées. Dans mon petit coin du Finistère, passé la folie des premiers temps, cela se calme. Le Breton est connu pour s'éviter les embrassades trop démonstratives. Mais, clin d'œil ou approbation à menton hoché, petit signe de la main ou sourire en coin, je me sens accompagné par une bienveillance généralisée, félicité que je souhaite à la terre entière. Cela fait flotter sur un petit nuage, cela permet de relativiser les soucis du quotidien, cela m'aide aussi à assimiler l'exploit accompli. À Paris, les gens sont plus surpris de me voir apparaître au tourniquet du métro. Le moment d'étonnement passé, ils se révèlent plus excités, bien plus pressants.

À l'exception d'un ado qui fait le zouave et joue la provo, l'ensemble des manifestations témoigne d'une empathie grandiose. C'est pesant, aussi. Je suis souvent arrêté, interrogé, observé. Alors que je souhaite parfois simplement faire tranquillement mes courses en famille, ou dans les transports en commun.

Avant le Vendée, j'étais toujours habillé en « Macif ». Je pouvais parler de mes projets aux rares personnes qui m'abordaient. Maintenant, je m'abstiens. Je me mets en civil, sinon la pression est permanente. Les curieux s'approchent, les admirateurs me sautent dessus. Et quand on voyage ou qu'on se déplace, on a parfois besoin de calme, pour lire, travailler ou se reposer. À mon petit niveau, je comprends mieux que Zidane, Noah ou Parker ne puissent plus vivre comme tout le monde. Encore pire pour les politiques, médiatisés à outrance, et qui n'attirent pas la même sympathie populaire que le sportif. On leur reproche de ne plus vivre comme tout le monde. Même si certains sont clairement indéfendables, on ne leur laisse pas vraiment le choix : cela leur est impossible !...

Je ne sais pas si les lunettes noires ont un effet dissuasif. Moi, certains jours, je baisse les yeux, j'enfonce mon bonnet jusqu'aux sourcils et je presse le pas. Mais quand j'ai le temps et l'esprit à ça, je suis ravi de signer des autographes et de partager avec ceux qui me regardent désormais avec le regard brillant.

Analyse d'une empathie

Le public mêle estime et respect. Il admire ce que nous, les marins du Vendée, réalisons, mais il ne nous dresse pas un piédestal pour autant. Il nous voit comme des aventuriers courageux et tenaces qui l'ont fait voyager en le tirant hors de son morne quotidien. Il nous remercie d'avoir égayé la morosité des temps. Il comprend de quoi il retourne. Il sait que nous ne faisons pas appel à des technologies délirantes, que nous hissons nos voiles à la force de nos petits muscles. Il aime surtout que, tandis qu'il entend cogner la pluie au Velux, nous affrontions les pires tempêtes des mers du Sud et que nous en sortions éprouvés, mais heureux. C'est comme s'il vivait à notre suite pendant trois mois. Il nous est reconnaissant de manger des lyophilisés quand il fait bombance, de dormir par à-coups quand il se gave de Stilnox, de nous laver dans un seau d'eau de mer quand il se dissout dans la baignoire et s'asperge de déodorant. Il nous remercie de vivre à la dure et d'aimer ça quand il sait l'amollissement du confort moderne.

Avec le marin, on part loin et on se noie dans la géographie des confins et l'imaginaire des récits. Si le marin commence à professionnaliser ses méthodes, les effets de vérité surgissent fréquemment, et rien ne peut les cadenasser car ils sont verrouillés par la force des éléments naturels. À l'inverse d'un footballeur qui appartient à un club et peut irriter les supporteurs des adversaires, à l'inverse d'un politique qui révulse au moins la moitié de la population, le marin peut faire l'unanimité, ou quasiment. Le Vendée fait tourner la tête à un pays en crise. C'est l'hiver et les petits bonshommes en ciré partent de l'autre côté du globe, affronter des dangers que personne ne peut modéliser. On a beau devenir des mutants technologiques, le public ne s'y trompe pas. Il sait qu'Internet ne protège pas de l'onglée, que les fichiers météo ne balaient pas la grêle qui surprend le marin montant sur le pont, que les liaisons avec le PC course n'aident pas à grimper au mât quand il faut aller repasser une drisse. Il sait que les lampes frontales n'éclairent pas la nuit, qui est toujours plus noire quand on a froid parce qu'il n'y a pas de chauffage, gain de poids oblige.

Effervescence

Sur les quais, lors de l'arrivée aux Sables, il y a des banderoles portées par des femmes qui brandissent leur 06 à mon intention ou qui lancent : « Épouse-moi ! » Je ne vois rien de tout ça, occupé à juguler mon émotion, à profiter de ce moment prenant, tourné vers mes sensations malgré les saluts à la foule que je multiplie à l'aveugle. *A posteriori*, je trouve cela flatteur, mais surtout très surprenant ! N'étant pas cavaleur de nature, aimant la stabilité relationnelle, je ne vais pas donner suite... La dissymétrie entre le fan et le héros ne m'enchante guère. Je préfère les couples à parité, avec une attirance mutuelle, un équilibre des forces.

Les sondages de notoriété révèlent que notre sport attire 60 % d'hommes pour 40 % de femmes. Ils viennent en majorité des catégories socio-professionnelles favorisées. Et l'âge moyen de ceux qui apprécient se situe entre 40 et 60 ans, plutôt que chez les ados. J'ai l'image que j'ai. Je fais assez gendre idéal ou fils de famille. D'ailleurs, j'ai plutôt la cote auprès des belles-mères et des grands-mères ! Je sais bien qu'on apprécie ma bonne éducation et ma manière de tenir la porte aux dames et aux... hommes pour éviter qu'ils ne se la prennent sur le nez. J'admets que mon itinéraire scolaire et mes diplômes d'ingénieur doivent rassurer un pays qu'angoissent les fièvres de sa jeunesse décrocheuse et les refus de sa périphérie de se laisser pousser dehors. Il ne faudrait quand même pas m'imaginer en enfant de chœur à qui donner le bon Dieu sans confession. Parlez-en à mes adversaires et vous comprendrez que mes sourires peuvent cacher une détermination sans faille qui ne débouche jamais sur des tumultes colériques mais me motive inflexiblement et m'incline à prendre des décisions radicales quand j'ai l'impression d'être dans une impasse.

Argent trop cher

Autre différence avec d'autres sports, les voileux viennent souvent de la classe moyenne ou des catégories sociales supérieures. Mais ce ne sont plus des privilégiés comme au temps du yachting des décennies précédentes. Pour pouvoir vivre de leur passion, les marins doivent courser le sponsor et supporter les périodes de vaches maigres. Prêts à beaucoup de sacrifices pour aller sur l'eau, ils savent qu'un naufrage ou un démâtage peuvent les mettre durablement sur la paille. Et même quand ils réalisent des exploits d'envergure, ils ne bénéficient pas de primes à la mesure de leurs efforts. En tout cas, celles-ci n'ont rien à voir avec le niveau de ce qui se pratique en F1, en golf, en basket NBA, en tennis ou bien sûr en foot.

Le salaire moyen d'un footballeur du PSG est d'environ 140 000 euros par mois. Je ne gagne même pas le vingtième de cette somme, pourtant je serais malvenu à me plaindre de quoi que ce soit. Au niveau du salaire moyen mondial, je suis un ultra-riche. Au niveau français, je suis dans les tout premiers. En revanche si on fait intervenir une variable d'âge ou si on le rapporte à mon temps de travail qui peut tourner à vingt-quatre heures sur vingt-quatre quand on navigue, cela permet de relativiser les choses.

23

Inventer demain

Muter vers le multi

Mon analyse est simple. Ce qui passionne les Français, ce sont les courses en solitaire. Le Vendée et le Rhum sont leurs deux épreuves de référence. Cela tombe bien, j'aime le solitaire. Mais le monde de la voile est ainsi fait qu'il nous faut toujours quelque chose de nouveau, que nous sommes incapables de nous contenter de ce qui existe et de refaire cent fois les mêmes choses sur les mêmes engins. Le rêve absolu est d'inventer un Vendée en multicoque. Bien des marins ont déjà fait des tours du monde en solo en multicoque. Alain Colas, Philippe Monnet et Olivier de Kersauson ont été les pionniers, mais ils ont ponctué leur voyage d'une escale. Derrière eux Francis Joyon, Ellen MacArthur et Thomas Coville ont bouclé la boucle sans s'arrêter. À la publication de ce livre, le record détenu par Joyon est de 57 jours 13 heures 34 minutes. J'espère qu'il sera battu prochainement…

J'ai toujours aimé le multicoque. Après l'Optimist, j'aurais pu continuer en solitaire ou barrer un 470 en double. Vu mon gabarit, cela aurait été logique. J'ai préféré monter sur Tornado, catamaran olympique. Pendant ma préparation pour le Vendée, j'ai vu les difficultés rencontrées par les MOD. Ces trimarans monotypes de 20 mètres se voulaient une réponse raisonnable aux excès précédents. Roland Jourdain, Jean-Pierre Dick, Sébastien Josse, Yann Guichard, Sidney Gavignet ou Michel Desjoyeaux y croyaient. Mais la crise de 2008 a eu la peau de la série. Et c'est là qu'on a vu le retour aux grands multicoques… Des hommes seuls ont réussi à mener des bateaux énormes conçus pour réaliser en équipage des chronos autour du monde. Franck Cammas puis Loïck Peyron ont remporté la Route du Rhum sur des bateaux gigantesques et vraiment pas pensés pour l'exercice. Le spectacle dispensé par les trimarans ailés de la Coupe de l'America a aussi renforcé l'intérêt pour ces évolutions insensées. Et c'est pourquoi se développe une nouvelle passion française. Il s'agit de mettre en route des engins baptisés du doux nom d'Ultim. Longs de plus de 30 mètres, ils sont conçus pour des solitaires et se lanceront dans une course autour du monde en 2019.

Le défi est de taille. Mais écrire une page blanche, concevoir des bateaux d'une envergure inusitée et réussir à dévaler dans le Sud sur des multicoques est assez excitant à imaginer, à développer et à vivre. Tourner autour de la planète sur des multis qui finiront par voler au-dessus de l'eau, aidés par leurs foils, cela me fascine, cela m'attire.

Tiphaine Champon, qui me seconde à la direction de MerConcept, ma société, prétend que je lui ai parlé du projet Ultim dès le lendemain de la victoire dans le Vendée. On quittait Les Sables-d'Olonne. Elle s'était dit : « Mais il n'arrête donc jamais ? » Mon analyse de la situation est claire et nette. Je ne peux pas faire mieux que ce que j'ai déjà fait sur un Vendée. Celui-ci a été parfait de A à Z. Si je repars, j'ai de grandes chances que cela soit moins exceptionnel, moins agréable, moins frais. J'aime la victoire, mais j'aime aussi l'aventure. Il me faut du nouveau, du défi. Le public aussi. En multi Ultim autour du monde, j'ai ce qu'il faut pour satisfaire tout le monde. Et ce d'autant plus que ça me motive intellectuellement, que ça me fascine de repartir de zéro.

Après avoir évoqué l'idée avec Tiphaine, je commence par en parler à mon équipe. Je leur dis : « Faire un tour en Ultim, ça me fait rêver. Et vous ? » Leurs retours sont hyperpositifs. Je fais chauffer le téléphone pour prendre la mesure des choses, pour affiner le projet technique et monter le business plan. Je me retrouve très en phase avec Thomas Coville, qui connaît extrêmement bien le sujet et qui est disposé à partager son expérience. Je me débrouille pour monter à bord de bateaux de cette envergure. Étonnamment, les plus réticents vont se révéler être ceux qui m'ont le plus soutenu dans le projet Vendée.

Jean-Bernard Le Boucher, mon solide appui au sein de la Macif, fait la moue. Il ne comprend pas ce que je veux faire. Il a trop apprécié ce qui s'est passé sur le Vendée pour ne pas avoir envie de refaire les choses à l'identique.

Il a été là du début à la fin et je lui dois beaucoup. Il m'a appris à manœuvrer au sein de la mutuelle, à comprendre les enjeux de politique interne, les modes de décision, les alliances à nouer. Michel Desjoyeaux freine aussi des quatre fers. Il est dans une passe personnelle compliquée. Il se lance sur la Coupe de l'America et il se rend compte que monter un projet de cette envergure n'est pas simple. Il est dubitatif, pour ne pas dire défiant. Il peine à imaginer qu'une compétition autour du monde puisse s'organiser entre Ultim. Il estime que je me condamne à tenter des records, comme le font depuis quelques années Francis Joyon ou Thomas Coville. Il me parle franchement, abruptement, comme il peut le faire.

Mais tous ces échanges ne me découragent pas. Au contraire. Petit à petit ce qui n'était qu'un rêve enfoui au fond de mes tripes est en train de devenir une perspective très sérieuse. Fin mai 2013, je rencontre Gérard Andreck, le président, et Jean-Marc Raby, le directeur général de la Macif. Ils sont vite convaincus. Mais un tel projet doit être approuvé par l'ensemble des instances du groupe. Début juillet, je passe devant le comité exécutif et surtout, fin août, devant le conseil d'administration. Je ne leur mens pas. Ils connaissent les risques et l'investissement nécessaire à une telle entreprise. Mais ils savent aussi qu'on ne pourra jamais revivre le Vendée tel qu'on vient de le vivre. Il faut se remettre en question, se réinventer, pour espérer vivre une nouvelle aventure aussi forte. Il y a eu aussi les extraordinaires bénéfices en interne du Vendée. Ils se rendent à mes arguments. Eux aussi comprennent qu'il faut aller plus loin, plus avant, qu'il faut du nouveau. Et puis, ils veulent qu'on continue ensemble. Moi aussi ! Ce qui tombe bien.

Le 25 août 2013, le conseil d'administration donne son aval. C'est parti ! La Macif s'engage pour cinq ans. Le bateau mesurera 30 mètres et le budget total du sponsoring, technico-sportif mais aussi en communication, sera de 5 millions d'euros par an. Au-delà des records, l'idée est d'imaginer des épreuves nouvelles, dont la première course autour du monde en multicoque en solitaire sans escale…

Poids/puissance

En mer, un marin prend en permanence des décisions anodines ou délicates, mineures ou importantes. Les choix faits à terre sont parfois tout aussi cruciaux et stratégiques en ce qu'ils engagent le long terme. Je suis au tout début d'un nouveau projet et il ne faut pas se tromper. J'avais un monocoque de 18 mètres qui était l'aboutissement d'une flotte nombreuse aux ressources connues.

Je passe sur multicoque et je vois grand. Il s'agit d'expérimenter dans un secteur moins exploré, où les risques d'erreur sont plus nombreux. Le bateau sera un trimaran, support mieux maîtrisé actuellement, et plus adapté à la navigation en solitaire, qu'un catamaran. Il mesurera une trentaine de mètres. Il sera le jeune frère revu, corrigé et augmenté des multicoques lancés ces dernières années. Si j'avais eu un budget illimité, j'aurais sans doute fait plus long et plus puissant, quitte à en garder sous le pied. Mais il faut adapter ses ambitions à ses moyens et, surtout, une trentaine de mètres semblent une dimension raisonnable pour la construction, avec des outillages appropriés et maîtrisés par les chantiers.

En réalité, la taille n'est pas l'élément essentiel. L'important, c'est la puissance que le bateau peut générer, le rapport entre son poids et sa largeur, qui dicte ensuite la surface de voilure. Le plus grand trimaran de course du monde, *Spindrift*, affiche 225 tonnes/mètre. C'est à bord de ce monstre de 40 mètres prévu pour un équipage que Yann Guichard a fini deuxième lors du Rhum 2014. Chapeau bas. Je pars sur un rapport raisonnable de 145 tonnes/mètre. Un tour du monde est bien autre chose qu'une transat. Autant, sur l'Atlantique pendant une semaine, on peut utiliser tout le potentiel d'un bateau très puissant. Autant, autour du monde pendant deux mois, il faut arriver à dompter les ruades d'un engin surdimensionné. Il faut se donner un peu de marge pour surmonter les galères qui, évidemment, ne manqueront pas de survenir.

Vol au vent ?

Il va falloir changer les paroles de la chanson. Ce ne sont plus des jambes qu'ont les petits bateaux qui vont sur l'eau, mais des foils… Le travail effectué sur ces appendices, ces drôles de patins qui aident les coques à sortir de l'eau, permet une progression exponentielle des performances. Les multicoques du large furent les premiers à innover en ce domaine. Et les Français étaient à l'avant-garde. Les monocoques du Vendée Globe ouvrent eux aussi la boîte à idées. Bien sûr, cette question m'intéresse. Les engins de la dernière Coupe de l'America ont démontré que les libellules pouvaient rester en vol quasi stationnaire sur des parcours côtiers.

Au sein des bureaux d'études, de nombreux ingénieurs et techniciens français ont planché sur ces questions. Sur l'America, les foils ont gagné en stabilité. Qualité recherchée au large. À l'été 2013, je lance des pré-études techniques qui ont tout d'un début d'appel d'offres. Deux cabinets d'architectes sont sollicités. Guillaume Verdier veut faire voler l'Ultim. Il revient de la Coupe de l'America. Il a travaillé pour les Néo-Zélandais. Et son projet est très ambitieux, tant dans l'objectif que dans les moyens. Chez le cabinet d'architectes VPLP, avec Vincent Lauriot-Prévost, on est moins radical. On veut aller vers le vol, mais avec un engin encore adaptable, hybride, évolutif.

J'aurais bien reuni les compétences de Verdier et celles de VPLP, qui collaborent souvent avec succès en monocoque. Ce ne sera pas possible cette fois. Je choisis l'ambition modérée, un certain conservatisme dans un projet qui est à la base très ambitieux. J'ai des contraintes de compte à rebours et je ne peux me lancer dans des études de faisabilité longues et coûteuses. Il faut que le trimaran *Macif* touche l'eau dans moins de deux ans. Ne pas traîner, ne pas se disperser. Voir grand, mais pas trop.

Fin octobre 2013, je fais le choix du chantier. Je répartis la charge sur plusieurs entités, histoire de tenir les délais. Multiplast à Vannes réalisera la coque centrale et la barre d'écoute. CDK assurera la maîtrise d'œuvre globale de la plateforme, fabriquera les flotteurs à Port-la-Forêt et fera l'assemblage final à Lorient.

On a beaucoup écrit sur les relations que j'entretiens avec Michel Desjoyeaux. Il y aurait d'un côté le professeur au-dessus de la mêlée et de l'autre le bon élève bien obéissant. C'est un peu caricatural. Michel est un exemple, un modèle et un inspirateur. J'ai bénéficié de son aide et de ses conseils. Surtout, il m'a permis d'améliorer mes compétences et celles de mon équipe au sein d'une structure performante. Cela fut un apport important qui a permis une progression éclair.

Michel n'a pas sa langue dans sa poche. Il dit crûment ce qu'il pense et s'inscrit en faux si ça lui chante. Mais il accepte facilement qu'on lui réponde sur le même ton, qu'on ne baisse pas les yeux en hochant du menton. Il ne s'inquiète pas qu'on s'oppose si nécessaire et surtout qu'on argumente pour parvenir à dépasser la stérilité du conflit. Il sait bien que, sur l'eau, un solitaire est livré à lui-même et qu'il doit avoir fait siennes les options prises. Il faut s'inspirer, mais ne surtout pas copier. Il faut assimiler le vécu des autres et l'adapter à sa manière d'être. Il n'y a pas de mentor unique et infaillible. Il faut même parfois ne pas hésiter à s'inspirer d'éléments intéressants chez des gens qui semblent moins au niveau.

Alors que je suis déjà penché sur l'élaboration du grand multicoque, la Transat Jacques-Vabre 2013 se profile. Je suis ravi d'embarquer Mich sur *Macif*, mon monocoque vainqueur du Vendée. On se connaît par cœur, on se comprend instantanément, c'est un plaisir de naviguer ensemble, c'est toujours l'union sacrée. On est archi-favoris, d'autant que le bateau est doté de nouvelles dérives et d'un nouveau mât. Comme souvent quand je fais équipe avec Michel, les soucis techniques ne nous épargnent pas. On est devant quand le safran casse. On fait escale à Cascais au Portugal pour réparer. On repart sixièmes avec la conviction qu'on peut remonter toute la flotte ! Aux îles du Cap-Vert, il ne reste qu'un concurrent devant nous. Mené par Vincent Riou, PRB fait aussi escale pour changer de safran. Ce qui nous permet de le doubler. Le long des côtes brésiliennes, alors que nous sommes en tête, le nouveau mât nous dégringole sur la tête. Trop léger, sans doute. C'est ainsi… Nous rallions Salvador sous gréement de fortune. Ces quelques heures de mer à vitesse réduite nous permettent de digérer notre déception. Ou au moins une partie. C'est par avion que nous rallions le sud du Brésil pour aller saluer la victoire de PRB.

24
Rhums nouveaux

Rhums anciens

1990. Florence Arthaud triomphe de sa route du Rhum à Pointe-à-Pitre. J'y suis passé en famille, l'année précédente. Sur les images, je reconnais le port, les îlets. C'est la première fois que j'arrive à connecter le souvenir personnel d'un lieu visité et la représentation qu'en donne la télévision. Cela sollicite ma mémoire immédiate, me met en phase avec une aventure que j'ai vécue à ma manière. Je m'identifie facilement et cela me débroussaille l'avenir.

2002. J'évolue en Tornado. Les coureurs olympiques sont très demandés par les skippers du large lors des phases de préparation de leurs multicoques. C'est pourquoi l'hécatombe qui survient au large du cap Finisterre m'attriste pour ces marins que je côtoie, que j'ai appris à connaître et à apprécier. Ils sont nombreux à y couler leurs bateaux, à s'en tirer de justesse et à y laisser leurs espoirs.

2010. Je suis à fond dans l'histoire. J'effectue le parcours par procuration en suivant Michel Desjoyeaux. Je phosphore non-stop, je réfléchis sur la meilleure route à prendre comme si j'étais à bord. Je songe aux problématiques qu'il rencontre sur le bateau. C'est comme si j'étais un passager clandestin, un équipier virtuel.

Préparation

En 2012, j'ai gagné le Vendée. En 2014, me revoilà au départ d'une course en solitaire : la Route du Rhum. *Macif* est performant. Ce n'est pas pour rien qu'il a gagné le Vendée. Mais je ne l'ai pas fait évoluer, à l'inverse de mon concurrent le plus sérieux, Vincent Riou. En revanche, je décide de naviguer intensément tout l'été précédant le départ de Saint-Malo. L'entraînement est la clé de tout. Manœuvres, sorties de nuit, allers-retours vers l'Espagne ou l'Irlande, il faut en manger jusqu'à satiété. Il faut se remettre dans le bain, dans le match. Et ne surtout pas se présenter la bouche en cœur sur la ligne de départ à Saint-Malo, comme si ça allait me tomber tout rôti dans le bec. J'étais parti sur le Vendée pour participer, pour voir. Le résultat était une cerise sur le bateau. Sur ce Rhum, je suis un des favoris et je l'assume. Je suis là pour gagner. Je veux gagner.

Défaut de compas

La météo annoncée est assez classique. Comme souvent à cette période de l'année, cela va souffler fortement dans le golfe de Gascogne. Je pars bien. Je double en tête la bouée du cap Fréhel. Le vent vient du sud-ouest.

On avance bâbord amure, au près. Nous attaquons le front dépressionnaire en sortie de Manche. Ensuite, il faut vite gagner dans le sud dans une mer assez dure, très casse-bateaux. Je force la note. Je connais mon *Macif*, j'ai confiance en mon matériel, mon mât tient le choc. Je mets la poignée d'accélérateur dans le coin. Je veux créer l'écart. Je me malmène pour y arriver. Dans un choc violent avec une vague, je valdingue dans le bateau et me fais mal au mollet. Je ne peux plus poser la jambe. Je me déplacerai à quatre pattes dorénavant… mais ce n'est pas cela qui va m'arrêter. Par contre, j'ai un problème d'électronique : pannes répétées de pilote automatique. Et ça, c'est beaucoup plus embêtant. Le GPS marche aussi en dilettante… Impossible de connaître ma position en permanence alors que je suis en pleine traversée du rail d'Ouessant, avec ses pétroliers aveugles et ses supertankers volumineux. Je me renseigne, joignant mon équipe technique grâce au téléphone Iridium, tout en continuant à barrer pour suppléer le pilote automatique. Le diagnostic pointerait plutôt une défaillance du compas. Je débranche, je rebranche. C'est souvent comme ça, l'informatique. Un faux contact peut plomber la meilleure installation du monde.

Bluff

Libéré de ces soucis majeurs qui ne m'ont handicapé que quelques heures, je reprends ma marche en avant. Vincent Riou casse alors qu'il me donnait du fil à retordre. Jérémie Beyou, qui sort d'une course du Figaro qui éreinte toujours les organismes et qui n'a pas fait beaucoup de gammes sur ce genre de bateaux, retrouve petit à petit sa *vista* et sa *grinta*. Je suis devant et je bute dans deux dorsales. Le vent faiblit, je ralentis. C'est ainsi. Il y a des moments où l'on se dit que ça part par-devant. Et d'autres où ça revient par-derrière. Cette fois, les leaders sont les plus mal lotis. Il faut savoir mordre son mouchoir et calmer sa rage de voir les poursuivants revenir sur vos talons. Il faut surtout se débrouiller pour rester positionné entre le revenant et l'arrivée, afin de ne pas le voir faire un détour et vous laisser tout penaud dans votre trou de vent. Je suis devant. Beyou ne cesse de se rapprocher. Chaque fois, je reprends un peu d'avance, allant plus vite, marchant mieux à cette allure.

L'alizé est irrégulier, difficile. Un grain noircit et trompette à 35-40 nœuds. Je suis surpris sous spi de tête. Le bateau accélère. Ça mousse de partout. Il faudrait réduire la toile, mais c'est parfois compliqué quand on est seul et que le vent est déjà aussi fort. Je n'ai plus qu'à espérer que le vent se calme… Le bateau échappe à mon contrôle et se met sur la tranche. Le spi se déchire. J'essaie d'affaler à la volée, façon cow-boy dressant son mustang. Échec. Une partie des 400 mètres carrés du spi chalute, glisse sous la coque. Je libère les écoutes au couteau et remonte à bord les bouts de tissu qui restent. Je n'ai plus de grand spi, alors que les conditions à venir l'exigent. Je ne dis rien de tout ça. Je ne préviens que Tiphaine et Antoine, mes plus proches seconds à terre. Il ne faut surtout pas donner d'informations à l'adversaire, qui pourrait en profiter pour m'entraîner dans des options météo où l'usage de ce spi que lui a gardé intact serait décisif. Il me faut aussi croiser les doigts pour que le vent ne mollisse pas et qu'il ne tourne pas Pour l'instant, le spi perdu ne me manque pas. Afin de creuser mon avance, avant l'arrivée sur les Antilles, je tape dans les réserves. Je barre sans cesse. Je ne dors plus.

J'aime ce bateau. Nous faisons vraiment corps. J'arrive à sentir toutes les petites manœuvres qui le font accélérer ou ralentir. C'est très sensoriel. Depuis quatre ans, nous sommes de bons camarades et j'ai envie de lâcher la bride à tout son talent, une dernière fois, avant de partir chacun de notre côté pour de nouvelles aventures. Nous nous sommes toujours bien entendus. Nous avons fait de bonnes choses ensemble. Allez, encore un effort ! Que la dernière avant l'Ultim soit la plus belle ! L'arc caraïbe approche. Les calmes gagnent. Les algues prolifèrent. Il y a aussi beaucoup de filets de pêcheurs. Surtout, ne pas se prendre dedans, ne pas devoir faire marche arrière pour s'en libérer, surtout ne pas être obligé de plonger à l'eau pour cisailler tout ça. En arrivant au nord de la Guadeloupe, j'ai cent milles d'avance sur Jérémie. Cela correspond à cinq heures et c'est un bon matelas. Mais ce n'est pas fini pour autant. Il faut faire le tour de l'île, ce qui peut être piégeux. Les dévents de Basse-Terre et du volcan de la Soufrière sont inévitables. La fatigue est énorme mais je ne veux rien lâcher. Rien. Je souffre, je serre les dents. Quelques heures à se battre dans un vent erratique, me voici enfin dans le canal des Saintes avec l'alizé qui revient. Ça sent bon. Montés sur toutes sortes d'embarcations, les gens m'applaudissent. J'évite d'y prêter attention. Le vent grimpe à 30 nœuds de temps en temps. Je me concentre sur *Macif*. Je me consacre à notre couple qui va bientôt se séparer en bonne intelligence. Je m'efforce de le faire aller au mieux, de le servir à la perfection en mémoire de notre collaboration idéale. Je suis fier de lui. Je suis heureux pour lui. Entre les Saintes et Pointe-à-Pitre, je me mets dans un état de communication intense avec cet objet inanimé qui a sûrement une âme. Je veux le remercier, le saluer, le fêter. Et c'est un après-midi parfait que nous vivons ensemble pour la dernière fois, fouettés par l'alizé des tropiques.

25

Enchanté du chantier

Longue haleine

Entre le moment de la décision et celui de la mise à l'eau, la gestation d'un multicoque de 30 mètres prend deux bonnes années. Pour le trimaran *Macif*, les réflexions techniques commencent en juin 2013. Le conseil d'administration de la mutuelle donne le feu vert fin août 2013. Nous travaillons avec le cabinet d'architectes VPLP tout l'automne pour livrer les premiers plans de forme des coques en janvier 2014. C'est à partir de ce moment-là qu'on peut commencer la construction des moules. Le pli de carbone inaugural est posé au printemps 2014. Le premier flotteur voit le jour en novembre 2014. La coque centrale apparaît un mois plus tard. L'assemblage commence en janvier 2015. Et la mise à l'eau a lieu en août 2015. Le timing sera grosso modo tenu et nous ne rencontrerons pas de difficultés rédhibitoires, sauf un petit souci de peinture.

Afin de partager le risque mais aussi de faire travailler plusieurs chantiers français, qui sont parmi les meilleurs au monde, la charge est répartie sur plusieurs entités. Le chantier CDK, qui a déjà construit mon monocoque, assure la maîtrise d'œuvre et réalise les flotteurs et les bras dans son unité de Port-la-Forêt et l'assemblage à Lorient. À Vannes, Multiplast fabrique la coque centrale et la barre d'écoute. Le mât, c'est Lorima à Lorient qui s'en occupe. Les voiles North Sails sont tissées à Vannes et les appendices construits chez C3 Technologies à La Rochelle. Ma société MerConcept assure la maîtrise d'ouvrage. Elle se doit de livrer à la Macif le bateau en temps et en heure. Il nous faut tenir les délais et les budgets.

Cette partie du travail n'est pas simple, mais elle est excitante. Il me revient de définir la philosophie du bateau dont je rêve, puis de prendre les décisions stratégiques. Mon équipe compte un peu plus de quinze personnes, ingénieurs, techniciens, gestionnaires. Une centaine d'intervenants vont s'occuper de *Macif*. Ils sont une trentaine chez CDK. Une douzaine chez Lorima, C3 Technologies ou North Sails.

Épaulé par Tiphaine Champon pour la gestion globale, par Nicolas De Castro pour la construction et par Antoine Gautier pour la conception avec les architectes, il me faut piloter l'équipe, de gérer les crises et les problèmes importants, inhérents à ce type de projet. Ceux-ci vont être réguliers et nombreux, mais finalement jamais trop délicats à résoudre. Ce travail d'équipe me plaît. Nous arrivons à créer une belle dynamique, une énergie collective qui nous pousse tous les jours à donner le meilleur de nous-même. J'ai confiance en eux. Ce qui est important car je dois, en parallèle, continuer à naviguer. Il m'est impossible de me consacrer uniquement au chantier. Il faut que je poursuive mon activité nautique, sinon je vais perdre la main et me déconnecter de cet univers où je me sens si bien.

L'Ultim est mis à l'eau à Lorient, sans trop de retard. C'est une journée d'été parfaite. Le soleil est présent, le vent modéré. Quel bonheur de concrétiser deux années de dur labeur ! Ce plaisir partagé vient récompenser cette première grande victoire collective. Je sens une grande fierté se dégager de toute l'équipe.

Dans les jours qui suivent, les techniciens multiplient les tests en statique. Au port, on reproduit les efforts que le bateau subira au large. Les uns et les autres ressortent leurs calculettes, de crainte d'avoir choisi une marge d'erreur trop faible pour ce qui reste un prototype. Personne ne fait le malin, l'heure de vérité a sonné. Tout est bien qui finit bien. *Macif* réussit son examen d'entrée dans l'eau.

Attachant

À l'automne 2015, la Transat Jacques-Vabre est le premier rendez-vous sportif du multicoque. Pour cette épreuve en double, je naviguerai avec Pascal Bidégorry. Il a une grosse expérience sur ce genre de bateaux et excelle dans leur mise au point.

J'ai découvert Pascal il y a quelques années, lors d'un convoyage sur le maxi-trimaran *Banque populaire*. Nous étions une douzaine à bord, sous son commandement. Il a été débarqué et a vu le bateau qu'il avait préparé truster les records, mené par d'autres marins quand lui est resté à quai. Période difficile mais qui lui a probablement permis de se remettre en cause, de mûrir et de progresser. Pascal est un marin basque. Passionné et passionnant, il prend les choses très à cœur. Son caractère est aussi fort que son extrême sensibilité. Humainement attachant, il ne peut laisser indifférent. Travailler avec lui est un grand plaisir. Je le contacte tôt dans la saison. Il navigue alors autour du monde, sur la Volvo, la course en équipage. On est au printemps 2015, alors que la Jacques-Vabre ne démarre qu'en novembre. Je veux qu'il m'aide dès la mise à l'eau du bateau. Pas question qu'il soit l'invité de dernière heure, le mercenaire qui déboule au moment fatal et se contente de mouliner au winch ou de tirer sur les bouts.

Le voilà qui débarque trois jours après la fin de la Volvo. Il commence par mener un audit interne. Il met son nez partout, s'inquiète, interroge. Il a une tendance au pessimisme, une angoisse qui doit jurer avec ma tranquillité apparente. Il pense souvent que ça ne va pas le faire. Cette intranquillité nous remet en cause, nous motive, quitte, parfois, à lui faire savoir qu'il dramatise exagérément.

Foils et autres innovations

Le vol est la dernière frontière à franchir pour nos engins. Les foils sont des plans porteurs, comme des ailes profilées, qui permettent de s'appuyer sur l'eau et de s'élever au-dessus des flots. Dans le milieu nautique, Icare est en train de faire la peau à Archimède. Comme les monocoques du Vendée et les catamarans de la Coupe de l'America, les Ultim se dotent évidemment eux aussi de ces patins ascensionnels. Sauf que, à 40 nœuds de vitesse, en solo entre les icebergs des mers du Sud, cela peut devenir très, très acrobatique. J'y vais doucement, mais sûrement. Sur *Macif*, la forme de cet appendice est dite en « tick », à l'image de ces croix dont on coche sur les « to-do-lists ». Lors des tests d'avant course, je me rends compte combien le foil nous apporte, combien cela nous fait franchir une étape.

L'autre innovation la plus visible concerne la cellule de vie. Longtemps, les marins avaient un poste de veille plus ou moins protégé dans le cockpit. Et ils rentraient dans une cabine en contrebas pour faire la navigation et la cuisine. Tout cela est loin derrière nous. La taille des Ultim permet de positionner le lieu de vie à la hauteur du pont, pour avoir vue sur les réglages des voiles et l'état de la mer. Sur *Macif*, j'ai installé la table à cartes, les instruments de navigation, le réchaud et l'unique couchette derrière les cinq winchs, eux aussi protégés des embruns. Cela permet d'envoyer les voiles et de prendre des ris sans se mouiller. Ce lieu très reculé est surnommé la « cabane ».

En solitaire, on barre le moins possible. Le pilote automatique est l'« équipier » primordial sans lequel rien n'est imaginable. Sur la longue durée, le « pilote » automatique doit barrer mieux que le skipper pour décharger ce dernier de cette tâche essentielle. Malgré tout, Macif possède deux postes de barre. Ils sont légèrement décentrés de la coque centrale afin de voir les vagues venir. On s'y tient debout pour dominer les alentours et amortir les chocs avec les jambes. À la mise à l'eau du bateau, les protections sont minimales, mais nous avons déjà en tête une version « tour du monde » où nous pourrons barrer sous une bulle en plexiglas dans un espace complètement fermé et protégé.

Macif mesure 30 mètres. C'est un bateau léger et large, de taille raisonnable. Il est réactif, accélère et décélère facilement. Sur ce bateau, on peut envoyer 650 mètres carrés de voilure. La grand-voile pèse 240 kilos. Il y a ensuite un gennaker pour les petits airs et le vent arrière. Les trois focs (génois, solent et trinquette) sont montés sur des emmagasineurs et se déroulent à la demande.

Double dose

Avant le départ, l'angoisse monte sur les docks du Havre. La météo prévue est mauvaise. Nos grands bateaux sont difficiles à manœuvrer. Ils craignent les sorties de port, où ils ont vite fait de s'encastrer dans un quai si le remorqueur manque de vista. Sans compter les phases de départ, où les abordages sont fréquents. Nous sommes bien décidés à ne pas tenter le diable et à rester à quai si la météo est trop mauvaise. *Macif* est en phase de rodage. Il faut être prudent. Le jour du départ, cela s'arrange. Les bateaux à grand gabarit comme le nôtre réussissent à allonger la foulée pour passer sous la dépression et sortir du golfe de Gascogne avant le coup de chien.

Les monocoques Imoca comme les trimarans de 50 pieds n'ont pas cette chance. Et tandis que nous descendons le long de la côte du Portugal, ils doivent affronter une lourde dépression. Nous pensons avoir laissé les difficultés derrière nous. Nous sommes fatigués, nous n'avons quasiment pas dormi comme souvent en début de transat, mais le moral est d'autant meilleur que nous tenons la dragée haute aux favoris Thomas Coville et Jean-Luc Nélias sur Sodebo, bateau déjà bien rodé. Nous pensons qu'il nous reste à nous méfier des beaux nuages véloces et des fortes variations de vent et qu'ensuite tout ira mieux. Mais l'électronique tombe en rideau. La panne est totale et il n'y a plus un seul écran qui affiche une donnée. Pascal se met à la barre car, évidemment, le pilote est hors circuit. Je suis en communication permanente avec l'équipe à terre pour essayer de comprendre ce qui se passe et tenter de régler la question. Un moment, on envisage de se dérouter sur Lisbonne et de faire venir nos spécialistes. C'est autorisé par le règlement sur la Jacques-Vabre mais c'est forcément catastrophique pour le classement.

Le compte à rebours est déclenché. Cela dure une dizaine d'heures. C'est un problème de *back-up* ou de chargeur ou de carte mémoire. En tout cas, après de nombreuses manipulations, je réussis à faire repartir l'intégralité des fonctions et la vie redevient tout de suite plus simple. En solo, je n'aurais jamais réussi à faire avancer le bateau tout en réparant. Et j'aurais dû m'arrêter.

Lécher le sable du désert

Faire des choix météo, c'est comme entrer dans un labyrinthe et ne plus pouvoir rebrousser chemin. La décision initiale vous entraîne dans un déroulé obligé. Toute rupture de la logique initiale vous contraint quasiment à faire marche arrière, ce qui est déconseillé question classement. Alors mieux vaut aller au bout de la première idée et de ses déclinaisons incertaines. Reconnaissons que, vu la vélocité de nos bateaux, les itinéraires de délestage peuvent parfois se révéler de bon rapport. Le chemin des écoliers peut se révéler être un raccourci imprévu depuis que nos voiliers sont passés d'une vitesse de bicyclette à celle d'une pétrolette avec port du casque recommandé dès qu'on sort de la nacelle à carapace d'anti-tortue. Et c'est ainsi que *Macif* se retrouve à longer les côtes du Maroc. À l'approche de Dakhla, nous touchons presque le désert de bord de mer. Nous sommes à deux, trois milles du rivage que nous pourrions facilement rejoindre à la nage s'il nous prenait l'envie d'abandonner la partie ou si l'un de nous avait fomenté un projet d'évasion. Les barcasses de pêche se multiplient. Il ne suffit plus de veiller à l'AIS, sur l'écran. Pendant vingt-quatre heures, cela tient du slalom à vue, entre filets dérivants et halos de lamparos. Tout cela est assez acrobatique, mais le vent est raisonnable et le rapproché est réel avec Sodebo qui nous devance encore. Et puis, glisser si près du désert, dans des odeurs différentes, des couleurs moins claquantes, à quelques encablures du Sahara occidental, participe du bonheur de naviguer et de découvrir des sensations avivées.

Dans la cabane

La division des tâches est assez simple quand on fonctionne en duo. L'homme de quart est à la barre ou assis dans le siège de la cabane. Il tient alors à main gauche la commande de pilote qui lui permet de diriger le bateau.

Et, à main droite, l'écoute de grand-voile pour un largage express. Il y a bien un système automatique en cas de surpression mais mieux vaut anticiper, si on ne veut pas écoper d'une longue séance de fitness à mouliner derrière les winchs. Être dans la nacelle et en particulier dans la cabane permet de tempérer les impressions et de tenir son stress en respect. C'est bien plus impressionnant quand on va au pied du mât. En même temps, il faut être conscient que la protection de la cabane peut aussi faire perdre de l'acuité.

L'homme de repos dort tout à côté, sur l'unique couchette du bord. Le sommeil se convoque comme un rien quand on a passé les manettes et qu'on sait qu'un homme de confiance veille. Même sous les tropiques, porte ouverte, il fait bon dans la cabane. Quand il ne récupère pas, l'homme hors quart fait chauffer de l'eau pour la cuisine rapide, vérifie le matériel, bricole, fait une tournée d'inspection sur le pont, s'occupe de météo ou de tactique, joint le PC course pour les vacations radio. Avec Pascal, le relais se passe naturellement. On évalue la fatigue de l'autre, son degré d'implication et on compare avec son propre état, celui de ses paupières et celui de ses nerfs. La mécanique humaine fonctionne bien.

Le pot au noir est laborieux mais notre bonne étoile est bien là et nous parvenons à nous extirper de ce terrible calme juste devant notre adversaire. Moins bien positionné pour la suite, Sodebo va voir son retard se creuser. Nous arrivons en tête au Brésil. Et cette victoire précoce au parfum d'inattendu vient valider en accéléré choix techniques et options en développement.

26

Vivre la vie

Bureau sur l'eau

La Transat Jacques-Vabre vient de s'achever et je ramène le trimaran vers l'Europe en équipage. Auparavant, les bateaux de course revenaient par cargo, mais désormais ils sont plus grands et surtout tellement rapides qu'ils en remontrent aux vitesses de croisière des transporteurs maritimes. Il est devenu inutile de se compliquer la vie avec les grutages, les problèmes de transitaires, les démâtages et remâtages.

Et puis Macif est tout jeune et la moindre heure naviguée est une heure gagnée pour la mise au point et la prise en main. On pourrait penser que le skipper exténué par sa transat pourrait laisser le soin à ses troupes de ramener son engin à bon port. Mais je suis encore en phase de découverte de ma monture et je préfère ne pas en perdre une miette. Pour autant, je me suis mis hors quart et je leur laisse le plus gros du boulot, ce qui les ravit. On ne façonne pas un bateau de cette envergure pour ne jamais en profiter. Les hommes de l'ombre sont de parfaits techniciens mais ce sont aussi des amoureux de la chose maritime et souvent d'excellents équipiers. Alors ils ne donnent pas leur part au chien quand il s'agit de s'installer aux commandes et de faire aller vite leur chef-d'œuvre.

Moi, je fais mes heures de bureau, tout en restant à l'écoute de mon voilier débutant. Je récupère de l'effort fourni tout en me mettant à jour dans ma routine de chef d'entreprise. Je traite mes mails, je vérifie l'agenda, je planifie des réunions et des débriefings. Mon équipage a rapporté quelques journaux et magazines français. Je me laisse un peu de loisir pour les feuilleter. Dans *Courrier international*, il y a un excellent dossier sur Daech…

13 novembre

Ce 13 novembre 2015, je suis à bord de *Macif*, au large du Brésil, en convoyage retour. Nous venons de passer devant Rio de Janeiro et commençons à slalomer entre les plateformes pétrolières qui encombrent l'horizon. Nous achevons de manœuvrer pour nous éloigner des dangers et tout va bien à bord. Comme souvent je me connecte sur Twitter pour suivre l'actualité. Cette fois-ci, c'est confus. Il y a des tweets en pagaille. On est en fin d'après-midi brésilien, décalage oblige, et c'est le début de l'enfer à Paris. Je suis en mer à près de 10 000 kilomètres, mais je peux suivre en direct sur le réseau social la violence des attaques qui touchent la capitale. Je suis stupéfait, étourdi. Cette barbarie paraît encore plus stupide et inhumaine vue depuis le pont d'un bateau. Pourquoi se faire autant de mal ? Comment l'homme peut-il être aussi cruel envers lui-même ?

En mer, nous ne sommes pas au cœur de la mêlée, nous ne nous sentons pas attaqués, même si nous craignons pour nos proches parisiens. Nous aimerions aider mais nous sommes impuissants, incapables d'apporter une aide quelconque. Pour autant, l'éloignement donne souvent une vue plus claire des enjeux. J'ai l'impression que la distance permet une juste évaluation des problèmes, donne un surcroît de lucidité, oblige à trier entre l'accessoire et l'essentiel. En mer, hors course, on a le temps de réfléchir.

Avoir peur est normal mais il ne faut pas y céder. Le repli sur soi est la pire des réponses. Le monde s'est miniaturisé. L'Afrique était une autre galaxie. C'est désormais à deux clics et cette proximité est une chance. La montée de l'extrême droite, portée par des discours démagogiques, en France et en Europe, m'inquiète de plus en plus. En région Paca, une personne sur deux vote FN. C'est à l'opposé de ce que je crois. Il faut parier sur l'ouverture d'esprit et sur le courage politique. On doit dépasser ce clivage droite-gauche qui ne signifie plus grand-chose et qui est inopérant.

Je suis conscient que le problème du terrorisme est extrêmement important et qu'il ne sera pas résolu aisément. La situation géopolitique est dégradée et la montée des fondamentalismes religieux n'est pas près de cesser. Il n'y aura pas une réponse simple et immédiate qui règlera tout en un claquement de doigts. Tout cela ne va pas se terminer après six mois d'intervention militaire, ni même en trois ou quatre ans comme pour les conflits classiques du passé. Nous allons devoir vivre avec le fanatisme et le terrorisme pendant des années.

Cela suppose des réformes économiques de long terme pour un codéveloppement effectif. L'Occident doit accepter un retour à la sobriété, afin de permettre un partage des richesses. Il faut en rabattre sur un certain confort afin de limiter le réchauffement climatique mais aussi pour entrer dans un transbordement partiel des fortunes et des facilités. Sans cet effort, il est peu probable que l'on puisse en terminer avec les rencognements identitaires, religieux ou nationaux. En Europe, on a vécu des années fastes. Nous nous sommes bien amusés et nous n'avons manqué de rien. Même si les temps sont plus difficiles, l'Europe continue à regorger de richesses qu'il faut apprendre à partager si l'on ne veut pas que le retour de bâton soit violent.

Tout cela a un coût, qu'il va falloir accepter de payer. Je ne suis pas un consommateur compulsif. Mais il me faudra peut-être limiter mes voyages, perdre une partie de mon confort occidental. Je m'interroge moins sur l'utilité du métier qui est le mien, celui de coureur au large. Cela peut paraître futile, mais il me paraît important de garder une part de rêve dans un pays morose. Il est intéressant que les terriens puissent s'identifier, se projeter, sortir de leur quotidien gris, partir à l'aventure par procuration. Il est intéressant de pouvoir rêver plus large, et c'est aussi à ça que les mains servent.

Cartésien irréligieux

Je suis de culture catholique. J'ai été baptisé, j'ai eu droit à quelques cours d'éducation religieuse et j'ai fait ma communion solennelle. C'est quelque chose qui avait à voir avec la tradition, avec la vie à la campagne, avec le souci de faire plaisir, de sacrifier aux traditions familiales. Je me souviens d'avoir refusé de dire que je croyais en Dieu comme on me le demandait. Je pense qu'il faut éviter d'imposer une foi quelconque aux trop jeunes enfants. Mais je suis pour l'enseignement de toutes les religions à l'école. Même si je ne crois pas en Dieu, j'admets qu'on puisse estimer qu'il y a quelque chose qui nous dépasse, mais cela ne doit pas remettre en cause le vivre-ensemble. Les convictions religieuses doivent être respectées mais certainement pas imposer leurs logiques aux autres citoyens. Le catholicisme comme l'islam ont leurs fondamentalistes qui veulent voir triompher leurs manières de vivre. C'est difficilement acceptable.

Certains marins comme Moitessier ont une approche quasi mystique de la navigation. Je dirais plutôt que c'est une expérience mentale particulière qui est donnée à peu de gens de vivre. La course en solitaire apprend l'autonomie et l'indépendance de pensée. La concentration extrême et la privation de sommeil sur un bateau mettent dans un état de conscience intéressant à explorer. En solo, la perception du temps, de l'espace et du risque est différente. C'est une transhumance géographique mais c'est aussi un voyage intérieur qui permet d'avancer dans la connaissance de soi.

Mélanie

Avant que ne surviennent ces attaques terroristes, ma génération a rarement été confrontée à la mort. Nous n'avons pas connu de guerre et les progrès de la médecine garantissent une longévité heureuse. J'ai quinze ans quand ma cousine Mélanie disparaît. Elle a alors vingt-cinq ans et étudie aux Beaux-Arts. Elle est douée et confiante en la vie, joyeuse et accueillante. Elle se fait enlever par deux malades qui la violent et l'assassinent, abandonnant le corps dans la rue, sous une voiture. C'est un coup de tonnerre au sein de notre famille. Mon oncle et ma tante vivent en Dordogne, dans un moulin, au milieu de la nature. Ils sont artistes, décontractés, agréables. Gamin, j'adore séjourner chez eux. Il y a de l'énergie et le goût du positif. À l'époque, ils organisent des séminaires pour les entreprises. Ils sont soucieux de développement personnel, de yoga, de méditation. Au début, ils affirment qu'il faut continuer à vivre pour Mélanie, que sa mort ne doit pas entraver, ni apeurer, bien au contraire. Dans la réalité, c'est évidemment plus difficile. Je me souviens de la colère de mon oncle, de son envie de se faire justice lui-même, ce qui n'est pas du tout son genre et ce que, bien sûr, il ne mettra jamais à exécution. Trois ans plus tard, le procès les obligera à revivre cette douleur. Ce drame m'ancre dans ma façon de voir les choses. Je me dis que la vie est belle si elle est pleinement vécue. La vie, c'est de l'émotion, de l'adrénaline, de la découverte. Je suis certain que la meilleure façon de rendre hommage à Mélanie, c'est de vivre comme elle ne peut plus le faire. Et qu'il ne faut pas rester cloîtré chez soi, qu'il ne faut pas céder à la peur, qu'il faut aller au-devant du monde comme elle savait si bien le faire.

Risquer d'être vivant

Je ne suis pas un risque-tout. Je m'attache quand je suis à bord. Je suis raisonnable car je n'ai aucune envie d'en finir, car je tiens à aller au bout de ce que j'ai entrepris, car je veux vivre et continuer à vivre. Je suis raisonnable mais j'accepte le risque étudié, mesuré. Et surtout je n'oublie pas non plus le risque de passer à côté de sa vie, le risque de ne pas vivre pleinement sa passion… Je ne suis pas tout fou, mais cela m'intéresse d'affronter la difficulté, de défier plus fort que moi, d'en remontrer à l'évidence. Car c'est dans ce combat contre le déterminisme, contre la prédestination, que se niche l'intensité, c'est là qu'est le sel de la vie.

Pour moi, il s'agit de « vivre pour se sentir vivant », comme le recommande Albert Bosch, un aventurier espagnol qui a grimpé sur les sept sommets les plus hauts du monde, du Kilimandjaro à l'Everest. Il a traversé le continent Antarctique à pied en solo, remorquant son traîneau pendant plus de deux mois. Il s'est aussi engagé sur le Dakar, au volant d'un buggy cent pour cent électrique. Surtout, ce père de famille de quarante-huit ans développe une philosophie vitaliste, une pensée de l'action. Il s'agit de donner naissance à ses projets et d'aller au bout de ses ambitions. Réaliser ses rêves n'est pas un luxe, c'est un devoir. La vie est trop belle pour ne pas en profiter pleinement.

27

Filer à l'anglaise

Plymouth

The Transat Barkely est l'épreuve d'origine, la mère de toute les transats. En 1960, les Anglais imaginent de rallier Plymouth, en Cornouailles, à Newport, dans le Rhode Island. Francis Chichester l'emporte en quarante jours. Ensuite Tabarly, Colas, Peyron, Bourgnon, Desjoyeaux et bien d'autres vont marquer les riches heures de cette épreuve. Je suis heureux de m'inscrire dans leur sillage et, qui plus est, à l'aube de ma première traversée en solo sur le trimaran *Macif*. Cette transat dite anglaise se déroule dans des contrées peu riantes, contre les vents d'ouest dominants, à travers les brumes de Terre-Neuve et avec le risque de rencontrer des glaçons qui ont coulé le Titanic, d'une autre envergure que nos voiliers.

Dans les années 1970, la transat anglaise va avoir de jeunes sœurs qui vont la concurrencer. La Route du Rhum est la plus connue. Au départ, il s'agit, pour les Français, de faire triompher la libre entreprise maritime contre leurs éternels ennemis d'outre-Manche. L'ironie des choses veut que ce soient les Français qui aient voulu déréglementer et les Anglais qui se soient inquiétés du gigantisme des bateaux menés par un seul homme ou de la fragilité de ces multicoques. Et surtout, la Route du Rhum voit la flottille quitter Saint-Malo à l'automne pour rejoindre les alizés sucrés des Antilles, quand The Transat qui se déroule toujours en mai-juin est une école de la dureté du début à la fin, même si c'est bientôt l'été sur l'Atlantique nord.

Fin du faux solo

On est en rade de Plymouth. Il fait gris. L'heure du départ approche. Dix minutes avant le coup de canon, mes équipiers sautent dans les canots pneumatiques et m'abandonnent à cette solitude choisie qui est loin d'être un triste sort. C'est pourtant perturbant. D'autant que cela se fait extrêmement vite. Juste avant, il y a du bruit humain, du mouvement efficace, des déplacements physiques. Il y a de l'accompagnement et de la prévenance, de la solidarité et de l'affection. Et puis, après quelques rapides accolades et quelques tapes dans le dos, il n'y a plus rien. Et je me retrouve seul à bord pour la première fois.

Je vous dois quelques explications. Avec l'ancien Imoca, comme avec le nouvel Ultim, je navigue beaucoup, je m'entraîne souvent, je multiplie les sorties en mer. Je dois être l'un des plus acharnés à aller bouffer de l'écume. Mais il est rare que, en dehors des courses, je ne sois pas accompagné par un équipier aux arrêts de rigueur tant qu'il ne se passe rien de dramatique. Il est tenu de ne pas bouger le petit doigt et de me laisser accomplir toutes les manœuvres et prendre les décisions stratégiques. Il ne me relaie en rien quand je m'accorde des micro-siestes. Il me revient de gérer mon sommeil comme si j'étais seul au monde. En fait, cette personne-rescousse, comme il est des personnes-ressources, est là pour veiller au trafic maritime et m'avertir quand elle s'aperçoit que je n'ai pas repéré un bateau de pêche surgi de nulle part ou un cargo qui viendrait de changer brutalement de direction. Il est avant tout guetteur de dangers, même s'il peut aussi me prêter main-forte en cas de problème majeur qui mettrait le bateau en péril.

La réflexion qui m'a conduit à fonctionner ainsi, à adopter ce que l'on nomme le faux solo, est la suivante. Nos bateaux coûtent cher. Ce sont des prototypes qui doivent à la fois être testés vigoureusement tout en réduisant les aléas extérieurs au minimum. Ce sont des pur-sang fantastiques qu'il faut préserver des mauvaises rencontres. Ils ne craignent pas la haute mer, ils craignent la terre et la bande côtière où évoluent caseyeurs, thoniers ou vraquiers. Traverser ces parages en solo multiplie les risques d'abordage. Plus on s'entraîne, plus on augmente la probabilité d'une mauvaise rencontre car il faut toujours partir d'un port et y revenir, et la présence à bord d'un soutien potentiel permet de pousser le bateau à fond et de rationaliser le temps d'entraînement.

Pour les séances de qualification réclamées par les organisateurs de course, je fonctionne de la même manière. Cela peut faire débat. Je préfère naviguer à vitesse normale et voir ce que mon engin a dans le ventre que d'y aller doucement, avec deux ris dans la voilure, juste pour remplir mes obligations… administratives. À l'inverse, on peut argumenter que ce compagnon mutique avec mains obligatoirement fourrées au fond des poches constitue une aide psychologique. Cette assurance sur l'avenir, cette déresponsabilisation pourraient m'empêcher d'affronter l'ampleur de la difficulté. Et cette façon de faire me laisserait démuni et perturbé quand ce second fantomatique débarquerait au jour de la compétition. Cette pratique ne m'a pas trop handicapé par le passé. Lors de mes années en monocoque, je n'ai évolué en solo intégral qu'à quatre reprises, chaque fois pendant des courses.

C'est ma première fois sur le grand trimaran. Et l'émotion est au rendez-vous.

Accélérations à couvert

J'ai à peine le temps de finir de border les voiles que j'ai déjà perdu la côte de vue. En monocoque, on vous accompagne un moment. Les bateaux suiveurs restent dans le sillage. Il y a des saluts criés et des mouchoirs agités. Les adieux sont lents et nourris. En multicoque, on a à peine le temps de dire au revoir aux gens qu'ils nous voient disparaître à l'horizon. Je suis très vite pied au plancher. Je navigue écoute de grand-voile à la main, pour pouvoir relâcher la pression en cas de surpuissance. Le bateau ne monte pas complètement sur ses foils. On est trop près du vent. Mais *Macif* soulève sa coque centrale et évolue sur un seul flotteur. En trois heures, la Manche est traversée et l'on se retrouve au large d'Ouessant. Je suis en permanence sur le qui-vive. Je ne sais pas si on s'habitue jamais à ces hautes vitesses, en tout cas l'acclimatation n'est pas évidente. Le bruit est effroyable et le niveau de stress élevé.

J'ai eu un printemps difficile. J'ai traîné une rhinopharyngite bizarre qui m'a valu de longues poussées de fièvre. Évidemment, je n'ai rien dit à la concurrence, ni même à mon équipe, hormis à une ou deux personnes, afin de limiter les fuites et d'éviter de voir grossir le problème dans le regard attentionné des miens. J'ai même cru que j'allais devoir renoncer et laisser le bateau au port car nous n'avions pas prévu de skipper remplaçant et qu'on n'improvise pas sur ce genre de bateau. Quinze jours avant le départ, je me suis enfin senti mieux. Et maintenant, j'ai retrouvé la furia physique et la vista intellectuelle nécessaires pour vivre cette expérience extrême qu'est la conduite d'une fusée de cette envergure.

Le règlement autorise le recours à un routeur. Jean-Yves Bernot est mon interlocuteur à terre. Et j'avoue que si j'aime beaucoup suivre les évolutions météo, je ne suis pas mécontent d'avoir un soutien de ce niveau en cette phase d'apprentissage accéléré du multicoque à haute vitesse. La stratégie du moment est simple. Au lieu d'affronter les dépressions de l'Atlantique nord, il faut passer sous ces vents contraires et faire un détour par le sud. C'est évident et il n'y a aucun débat entre Jean-Yves et moi.

Vingt-quatre heures après le départ, voici le cap Finisterre. L'idéal serait de raser la côte mais je choisis de passer plus au large pour éviter le trafic. En se rapprochant de la terre, Thomas Coville me rattrape et lance la cavalcade le long du Portugal. Nous voilà à Madère, puis aux Açores. Il est rare de voir les participants à la transat anglaise descendre aussi sud. Mais nos bateaux le permettent, quand ils ne l'exigent pas. Ensuite, tout le jeu est de contourner l'anticyclone au mieux. Suffisamment près pour bénéficier de la bascule de vent favorable mais pas trop, au risque d'avoir des vents faibles. Comme souvent, c'est une question d'équilibre et de compromis.

Passé l'angoisse du départ, je réussis à prendre un minimum de repos. Sur huit jours, j'ai dormi en moyenne entre une et deux heures par vingt-quatre heures. Ces micro-sommeils se pratiquent allongé sur la couchette de la « cabane », la cabine où j'ai aussi mon fauteuil de veille. Je suis en ciré avec l'écoute dans la main, tête en arrière et bottes en avant pour prévenir les vols planés en cas de percussion d'une vague vicieuse. À cela, il faut ajouter des phases de répit dans le fauteuil. Ce qui doit faire au maximum trois heures de tranquillité par vingt-quatre heures.

Je me réjouis à chaque instant de mes choix d'aménagement. Je suis toujours tourné vers l'avant, que je sois en train de veiller aux instruments dans la « cabane » ou de tourner les manivelles de winch. L'ensemble de la zone de vie est dorénavant close. Les ouvertures situées sur le côté sont désormais fermées par des toiles plastique qui créent un cocon protecteur. Si tout se déroule comme prévu, si rien ne coince et ne m'oblige à intervenir sur le pont, je naviguerai au sec, à l'abri du vent et surtout sans la nécessité d'être accroché vingt-quatre heures sur vingt-quatre à ma longe de vie.

Longtemps, les marins ont cru qu'il fallait braver le vent tête nue et barrer en se laissant asperger d'embruns pour être performants. Ce masochisme sacrificiel n'est plus de saison. La communion avec les éléments devient impossible quand les vitesses augmentent à ce point. Cela devient inutile, sinon dangereux, de se faire aveugler par les lances à incendie des projections salées et de grelotter sous une douche permanente. *Macif* est trop rapide pour permettre ce genre de posture archaïque.

Sur les Ultim, nous sommes confrontés aux mêmes problématiques que les pionniers de l'aviation. Au début, les faucheurs de marguerites, eux aussi, vivaient nez au vent, avec casque de cuir, lunettes ajustées et écharpe de laine pour lutter contre le froid pendant leurs chevauchées nuageuses. Et puis ils ont fini par recouvrir les postes de commande de plexiglas quand un simple pare-brise n'a plus suffi. Vous imaginez un cockpit de Boeing ou Airbus ouvert ?

Comme beaucoup de marins, l'aviation me fascine. Il y a une parenté entre ces deux mondes, surtout depuis que le nautique devient de plus en plus aérien et que nos bateaux s'apprêtent à décoller pour monter sur leurs foils.

J'ai fait un peu de planeur, de vol à voile. Et je compte bien un jour ou l'autre prendre des cours de pilotage. Si je pouvais me le permettre, tant au niveau financier qu'en termes de disponibilité, j'adorerais avoir mon petit Cessna et décoller de Quimper pour aller à l'île d'Yeu ou en Corse en survolant les champs de blé, en suivant les fleuves et en saluant les massifs montagneux.

La difficulté de The Transat, c'est que les dépressions nous arrivent sur le nez alors que, lors du Vendée Globe ou du futur tour du monde des multis, elles nous accompagnent. Sur l'Atlantique nord, plus les dépressions sont actives, plus les manœuvres se multiplient. Et autant le début de la traversée s'est bien passé car il s'agissait de descendre sous les Açores avec du vent portant, autant la remontée sur New York est complexe et voit se multiplier les transitions, les passages de front ou dorsales. Il faut prendre des ris dans la grand-voile, puis les renvoyer, rouler les voiles d'avant, puis en déployer de nouvelles. Sur les Ultim, cela prend du temps et vous laisse en sueur et d'autant plus épuisé que vous savez que cela ne va pas tarder à recommencer. La fatigue me saisit par le col et me remonte les bretelles. Thomas Coville me course avec énergie et il me faut m'employer à fond pour ne pas le laisser revenir et s'accrocher à mes basques.

Je n'ai pas encore pris la mesure des efforts nécessaires sur ce genre de navire gigantesque et je m'économise moins que je ne devrais. Je finis par me mettre dans le rouge et par être sujet à des hallucinations sonores. C'est comme si j'entendais de la musique. Je vérifie que le lecteur MP3 est bien éteint mais cela persiste. Ou alors j'ai la sensation que quelqu'un me parle. Je veux aller couper la VHF et je m'aperçois qu'elle n'était pas allumée. Parfois, on est sujet à des fantasmagories visuelles. On aperçoit des silhouettes dans l'écume des vagues qui montent à l'assaut. Cela m'est déjà arrivé, mais sans excès. Je ne suis jamais allé me coucher en confiant la barre à un copain inexistant que j'aurais vu se balader sur le pont avant du bateau. Cette fois, c'est mon oreille qui me joue des tours. Il est perturbant de se découvrir petit frère de Jeanne d'Arc. Pour un être rationnel comme moi, c'est un outre-monde bizarre qui se révèle et qui se met à me parler dans l'oreillette. La solution est simple : il faut se reposer, dormir, calmer le jeu. Sauf que le vent s'évade et nous laisse en plan à quelques encablures de la ville-monde.

Ne croyez surtout pas que le calme plat soit une bénédiction et autorise à se relâcher. Au contraire. Il faut guetter le moindre friselis. Nos bateaux sont tellement rapides qu'il leur est interdit de s'arrêter, sous peine que le poursuivant évite la zone sans vent et vous dépasse en vous tournant autour. Jusqu'à New York, je ne vais pas réussir à couper ni à récupérer. Je reste dans le dur et le passage au phare d'Ambrose, qui marque l'arrivée, est une délivrance. Dans le miroir, je vais me découvrir marqué, éreinté, parvenant mal à me défaire de la fatigue.

New York

Arriver par la mer à New York est une découverte assez grandiose. C'est le début de soirée, je passe sous le pont Verrazano et découvre, dans le coucher de soleil, la statue de la Liberté qui me salue de son flambeau. La skyline de Manhattan s'illumine sous mes yeux ébahis. Je suis plutôt mer, montagne et campagne. L'univers urbain me fascine peu, mais débarquer en vainqueur dans la grande ville par excellence et pouvoir la découvrir tout en ayant le goût de la victoire en bouche est un régal princier. J'amarre le trimaran *Macif* à Brooklyn et je suis heureux de débarquer dans le pays de tous les espoirs, de toutes les chances. Mon bateau est aussi neuf que l'air est vif et je me sens un pionnier en ciré, regardant bleuir l'horizon que j'ai choisi de repousser toujours plus loin.

28

Rêver plus large

Entreprendre

J'aime monter les projets qui me permettent d'aller au bout de mes idées. Constituer une équipe, dépasser les premières difficultés, se battre ensemble pour aller au bout de nos ambitions. J'ai toujours aimé l'idée de créer ma propre histoire, ma propre structure. J'ai lancé ma première société à vingt-deux ans. J'étais jeune, pas encore diplômé. Peu importe. J'avais envie de construire, d'entrer dans la vie active. MerConcept n'a pas dégagé beaucoup d'activité et de revenus pendant ses premières années, mais elle était le socle sur lequel je pouvais m'appuyer pour élaborer mes rêves de course au large. Il a fallu se battre pour la développer, pour exister dans un milieu où les sponsors restent rares. Aujourd'hui j'emploie plus de quinze salariés, et je suis fier et heureux de les voir travailler ensemble. Ils dégagent tous une énergie positive et sont capables de déplacer des montagnes pour aller au bout de nos espoirs les plus fous.

Plus récemment, j'ai goûté à l'aventure entrepreneuriale scandinave. J'ai créé avec deux associés norvégiens la société « Gabart FjordSailing ». Cette structure est basée en Norvège. Il s'agit de vendre en Scandinavie les bateaux « RM » du chantier rochelais Fora Marine. En arrivant là-bas avec *Tiny Viking*, mon « bateau-maison », je me suis rendu compte que les Nordiques ne connaissaient pas ce type de voilier mais que les qualités du « produit » les intéressaient : performance, construction bois, design... Je suis persuadé qu'il y a en France des compétences et un savoir-faire, qu'on peut trouver des débouchés dans cette région historiquement tournée vers la mer mais qui, paradoxalement, n'a pas une filière nautique aussi développée que la nôtre. Sur place, il m'a fallu chercher des appuis solides, trouver les bons associés, bien m'entourer. Il faut analyser le marché, connaître la culture locale, pouvoir communiquer. Je signe des contrats dans une langue que je ne maîtrise pas. Je fais confiance à mes associés. Je ne sais pas si cette société fonctionnera, mais j'apprécie d'ores et déjà cette aventure. Je suis heureux de créer des liens et de bâtir des ponts entre deux pays qui me sont chers.

Beaucoup de jeunes aujourd'hui veulent lancer leur entreprise. La quête de sens et d'épanouissement devient plus importante que l'argent, d'où le désir de créer sa propre activité. Je me retrouve beaucoup dans cette évolution. J'espère que notre pays saura accueillir cette énergie créatrice et dépasser ses peurs pour imaginer une société heureuse et constructive.

Aujourd'hui

Aujourd'hui j'ai la chance de vivre la vie que j'ai choisie, celle qui me passionne. Je travaille beaucoup mais je sais pourquoi et dans quelle direction je vais. Je suis libre de suivre mes rêves et de tout mettre en œuvre pour les réaliser. Ma vie est belle. Elle n'est pas toujours simple. Si l'éclatement des familles est devenu une triste banalité dans notre société, j'ai aussi droit à la cruauté de la distance. Mon petit garçon vit dans un autre pays, à plus de 2 000 kilomètres. Dès que je le peux, je saute dans un avion pour être le plus possible à ses côtés. Il a besoin de son père et je veux être là pour l'accompagner dans cette aventure incroyable qu'est la vie. Notre situation n'est pas facile, mais il sait qu'il pourra toujours compter sur moi, quelle que soit la distance qui nous sépare. L'éducation paternelle transfrontalière n'est pas toujours aisée, mais j'espère que je saurai lui apporter ce dont il a besoin pour se construire.

L'époque raccourcit les distances. L'Europe se traverse en quelques heures d'avion. Le téléphone est toujours à portée de main et permet de partager le quotidien. Malgré toutes ces technologies, un câlin reste un câlin, que Skype ou WhatsApp ne remplacent pas. Inutile de vous dire que, parfois, le cœur est lourd, très lourd, en sachant ce petit bonhomme si loin.

À défaut de l'avoir à mes côtés en permanence, je le ramène régulièrement en Bretagne, où j'ai construit ma vie depuis une petite dizaine d'années. Je m'y sens bien. La chaleur humaine réchauffe les hivers qui ne sont jamais gris très longtemps. La nature est belle et l'atmosphère y est douce et pleine d'énergie. J'ai la chance d'y résider auprès de la femme que j'aime : Virginie, petite brune méditerranéenne aux yeux pétillants, qui me comble de bonheur. Nous partageons les mêmes passions et sommes en phase tous les deux. Nous nous connaissons depuis longtemps, mais les aléas de l'existence ont fait que nous ne nous sommes retrouvés que tardivement. Peu importe. Ce qui est capital, c'est ce que l'on partage aujourd'hui, et surtout ce que l'on construit ensemble pour demain.

Demain

Je suis un passionné. Cette flamme est mon moteur. J'espère garder cette énergie en moi le plus longtemps possible. Je ne peux pas la contrôler, je ne sais pas où elle va me mener. Mais je veux me laisser conduire par cette vibration. Peut-être vais-je continuer la course au large pendant de nombreuses années. Mais je peux aussi élargir mon domaine. Je ne veux pas m'encroûter dans une sorte de répétition pépère, quasi fonctionnarisée. Le pire, ce serait que mon activité devienne uniquement alimentaire, que je me contente de continuer comme avant, par peur de perdre un confort sécurisant. Je ne sais pas ce que je deviendrai quand j'aurai fait tourner l'Ultim autour de la planète. Je ne sais pas si je serai marin dans dix ans, dans vingt ans. Des gens que j'admire comme Loïck Peyron ou Michel Desjoyeaux sont marins à cent pour cent. Je ne suis pas sûr de l'être autant.

Je serai aussi très heureux d'ouvrir mon registre a d'autres domaines. La trajectoire d'Ellen MacArthur m'intéresse. Elle est passée d'une carrière de marin hauturier à un engagement total dans l'économie circulaire à travers sa fondation. Sa démarche me plaît et m'inspire. J'aime passer du temps avec Éric Loizeau, grand marin reconverti en montagnard. Il sait faire se rencontrer ces deux mondes voisins. Il réussit à mélanger des formes d'engagement assez proches, à faire s'épauler et se chevaucher des rapports intenses à la nature, au voyage, à la découverte du grand dehors. Je ne suis pas insensible aux expéditions alliant la mer et la montagne, aux voyages vers des contrées encore peu connues. Ce qu'ont pu réaliser une navigatrice comme Isabelle Autissier et un grimpeur comme Lionel Daudet, partis ensemble sur le continent Antarctique, me fascine. Naviguer pour aller grimper, mélanger les savoirs et les expériences, vivre de nouvelles histoires, cela me plaît. Aurélien Ducroz est un montagnard pure souche, né à Chamonix. Ses parents travaillent sur la neige et dans les cimes. Comme souvent dans ces vallées, Aurélien commence à faire du ski alpin, puis du saut à ski, mais rapidement il souhaite sortir des sentiers balisés et se met au ski freeride, où il glane plusieurs titres de champion du monde. À trente ans, ce montagnard veut découvrir la mer. Il se lance sur la Mini, puis navigue en Class 40 ou aujourd'hui en Diam 24. Sa polyvalence est pour moi source de curiosité, d'intérêt, d'admiration.

Je suis aussi un passionné de surf et de paddle dans les vagues. Piètre nageur, j'aime me forcer à affronter l'océan, à pagayer à la force des bras pour transpercer les rouleaux. Et tout cela pour espérer me dresser quelques minutes sur mes jambes tremblantes et dominer quelques instants l'écume emballée. J'aimerais surfer plus souvent. Dès que je peux, je saute à l'eau près de chez moi, à

Guidel ou à La Torche. Le mode de vie des surfeurs, réunis autour de feux de bois sur la dune, avec palabres au clair de lune, cet art de vivre un peu baba, un peu écolo, plutôt dépourvu de toutes les facilités modernes, me séduit, m'intrigue. Dans l'attente d'aller guetter la vague ultime sur les plus belles plages du monde, je m'intéresse avec intensité au monde du surf. Il m'arrive de me coucher très tard pour suivre des compétitions quand les épreuves se déroulent à Hawaï ou à Tahiti. Kelly Slater est une figure emblématique de ce sport. C'est un compétiteur remarquable, mais ce qui me plaît le plus chez lui reste sa capacité à s'adapter à l'évolution de son sport. Il est capable de créer et de réaliser de nouvelles figures et d'en remontrer aux plus jeunes, quand les surfeurs de sa génération n'y parviennent plus. Chaque nouvelle année sur le circuit pro est pour lui une nouvelle remise en cause, alors qu'il n'a plus rien à prouver. Je l'admire pour cela.

Je ne sais trop ce que demain me réserve. J'espère pouvoir m'adapter, évoluer. Je veux agrandir mon espace, mes références, mon identité. Un peu comme sur un smartphone, on peut élargir la photo en écartant le pouce et l'index, je compte bien ouvrir le jeu, pour rêver toujours plus large...

Remerciements

Merci chers parents pour m'avoir aimé et laissé la liberté d'aimer

Merci Alice et Cécile pour m'avoir toujours poussé vers le meilleur

Merci à toute la famille, grands-parents, cousines, cousin, oncles et tantes ; vous qui me soutenez toujours avec ferveur alors que mes absences aux repas familiaux sont maintenant ordinaires

Merci Nicole & Jean pour votre amour et votre ouverture sur d'autres mondes

Merci Chantal pour tes grands conseils avisés et latéralisés

Merci les copains & copines d'avoir toujours respecté la passion qui brûle en moi et qui souvent vole les week-ends trop rares où l'on pourrait se retrouver

Merci aux Insaliens, profs ou étudiants, qui m'ont toujours ouvert leurs polys avec bienveillance et ont pris le temps de m'expliquer les nombreux cours que j'avais loupés

Merci aux Marseillais et Marseillaises pour tous ces bons moments passés

Merci Romain pour ta patience de haut-niveau et ta fidèle amitié

Merci Cédric, Daniel et tous les tornadistes pour m'avoir tant fait progresser

Merci Dominique de m'avoir accueilli et écouté chez Rica Lewis alors que tous mes prospects me claquaient la porte au nez

Merci Antoine pour la découverte des fabuleux trimarans « Orma » à bord de Sopra

Merci au reste de l'équipage : Loïc, Greg, JB, Joseph pour tous les bons moments dont les rationnements autour de quelques Krisprolls

Merci Franck et l'ensemble du Centre Entraînement Méditerranée pour votre accueil sans faille pour un petit jeune qui rêvait Figaro

Merci la Région Bretagne pour mes premières saisons en Figaro… et merci à tous les Bretons pour votre accueil !

Merci Romain pour avoir préparé l'espoir breton avec passion

Merci Kate, Christian, Loïc et tout le Pôle Finistère Course au large pour tout ce que vous avez créé depuis plus de vingt ans

Merci Kito et toute ton équipe pour le baptême Imoca et cette belle Jacques Vabre qui nous rit

Merci Jimmy et Rico pour cette belle année Figaro partagée

Merci Michel, évidemment, et toutes les équipes de Mer Agitée et Mer Forte pour votre professionnalisme et votre savoir-faire immense au service de la performance

Merci mon équipe qui a travaillé, entre autres, pour la préparation du Vendée Globe 2012 : Paul-Édouard, Seb, Antoine, Clément, Jimmy, Erwan, Guillaume, Tiphaine, Phiphi

Merci Seb pour la première Jacques Vabre du monocoque *Macif* et tes conseils volants depuis

Merci les équipes Macif et Windreport pour la communication nécessaire pour partager la solidarité

Merci Tiphaine pour la confiance gagnée dans le pilotage de qualité

Merci Armelle pour toute la responsabilité que tu acceptes de porter avec gaieté

Merci Antoine pour tes idées échangées qui font toujours gagner

Merci Seb pour ta force tranquille

Merci Fred pour ton expertise partagée

Merci Isa pour ton soutien aux moments décalés

Merci Erwan pour ton stress inhibé dans la création hydraulique

Merci Luis *para la electricidad y su energia*

Merci Benoît pour ton audace codée

Merci Pascal pour ton sourire composite

Merci Thomas pour ton sérieux constructif

Merci Vivien pour ta curiosité diffuse

Merci Antoine pour tes finitions soignées

Merci Corentin pour ton ordre nécessaire

Merci Nico pour réussir à allier la magie du carbone avec celle des hommes

Merci Guillaume pour ton énergie diffusée avec générosité

Merci Pascal pour ton tempérament basque qui fait accélérer
Merci Jean-Yves pour ton parler et tes routages avisés
Merci Steph pour tes beaux jonglages médias improvisés
Merci Pierre-Yves d'avoir joué les intermédiaires

Les partenaires sans qui je ne pourrais pas aboutir mes rêves :

Macif
Intel
Biotherm
Sojasun
TBS
Guy Cotten
Groupe Colin
Defrance automobiles – Volvo Rennes
Plastimo
Bigship
Harken
Bollé
Yanmar

Crédits photos

© Archives personnelles de l'auteur
© Jacques Vapillon
© Jean-Christophe Marmara/*Le Figaro*
© Vincent Curutchet/DPPI/Macif
© Olivier Blanchet/DPPI/Macif
© Jean-Marie Liot/DPPI/Macif
© Mark Lloyd/DPPI/Macif
© Yann Riou/Macif

Table

Cet ouvrage a été composé
par PCA à Rezé (Loire-Atlantique)
et achevé d'imprimer en France
par CPI Firmin-Didot
à Mesnil-sur-l'Estrée (Eure)
pour le compte des Éditions Stock
21, rue du Montparnasse, 75006 Paris
en septembre 2016

PAPIER À BASE DE FIBRES CERTIFIÉES

Stock s'engage pour l'environnement en réduisant l'empreinte carbone de ses livres. Celle de cet exemplaire est de :
700 g éq. CO_2
Rendez-vous sur www.editions-stock-durable.fr

Imprimé en France

Dépôt légal : octobre 2016
N° d'édition : 01 – N° d'impression : 137247
89-07-0015/0